Katja Lewina

Was ist schon für immer

Katja Lewina

Was ist schon für immer

Vom Leben mit der Endlichkeit

DUMONT

Inhalt

Für Edgar, natürlich.

Und in Erinnerung an Jürgen, der bis zum Schluss noch Sprüche klopfte. Zum Beispiel diesen hier:

»Sterben. Ich weiß gar nicht, wie das geht.
Ich mache das doch auch zum ersten Mal!«

»Im Übrigen sind es immer die anderen, die sterben.«
Grabinschrift von Marcel Duchamp

Sterben

Für alle und umsonst

Wir werden alle sterben.

Das ist jetzt vermutlich keine große Überraschung. Klar werden wir eines Tages gehen müssen, der Mensch ist nun einmal nicht für die Ewigkeit gemacht. Davon, dass wir grundsätzlich sterblich sind, muss ich Sie gar nicht überzeugen. Nein, das, worüber ich mit Ihnen sprechen will, liegt vielmehr in der niedlichen kleinen Wortkombination *eines Tages*. *Eines Tages* ist so verdammt weit weg. *Eines Tages*, das betrifft die Alten und die Kranken, die, von denen man ohnehin nicht mehr viel mitbekommt. Andere sterben. Aber doch nicht ich. Jedenfalls nicht jetzt!

Und in den meisten Fällen haben wir ja auch recht. Die Wahrscheinlichkeit, dass wir es in unsere Achtziger hineinschaffen werden, ist ziemlich hoch. Doch was, wenn wir wider Erwarten zu denen gehören, denen das nicht gelingt? Wenn wir unser Leben noch gar nicht oder nur zum Teil gelebt haben, bevor es schon wieder vorbei ist? Jeder und jedem von uns kann das jederzeit passieren. Wir haben nur keine Ahnung, ob, warum und wann. Und was danach wohl kommt? Ein Eins-a-Kontrollverlust, würde ich sagen. Und genau dieser Kontrollverlust ist es, der das Bewusstsein der eigenen Sterblichkeit so wahnsinnig beängstigend macht. Wir wissen nichts und haben es ebenso wenig in der Hand. Also beschließen wir, die ganze Nummer zu verdrängen. Kein Problem heutzutage: Raffte der Tod bis vor wenigen Jahrzehnten noch alle naselang Onkel, Mütter, Kinder, ja sogar Säuglinge hinfort, bekommen wir ihn inzwischen dank medizinischem Fortschritt und wegorganisierter Bestattungsrituale nur selten zu Gesicht. Der erste bewusst erlebte Todesfall ist oft das Ableben von Oma oder Opa – und das mit Anfang dreißig.

So ganz abschütteln lässt sich Gevatter Tod jedoch nie. Wie ein unheimlicher Schatten bleibt er uns stets auf den Fersen. Er ist da, wo wir sind, ob wir wollen oder nicht. Jedes Leben muss eines Tages zu Ende gehen, so auch unseres. Insgeheim wissen wir das alle – nur es uns eingestehen, das wollen wir ums Verrecken nicht. Also suchen wir uns Schlupflöcher, in denen wir den Thrill der Todesangst zwar fühlen dürfen, aber den Tod selbst nicht erleben müssen. Fahren Achterbahn, schauen Horrorfilme, machen Bungee-Jumping. Heulen auf Beerdigungen von Menschen, die wir nicht mal kannten. Oder ängstigen uns über die Maßen um das Leben anderer, der eigenen Kinder beispielsweise. Mit Sicherheit hätten etliche der lauten Stimmen, die sich während der Corona-Pandemie in Sorgen um Alte und Vorerkrankte ergingen, vielmehr selbst Angst vor dem Sterben gehabt, schreibt Bernhard M. Scheurer in *Der Tod, der Teufel und das Glück. Vom Sinn der Endlichkeit*: »Denn es ging eben nicht nur um die Befürchtung, die hochbetagte Oma oder den geliebten Vater zu verlieren, sondern um die befremdliche Vorstellung: Ich werde sterben, vielleicht schon sehr bald, und alle anderen werden am Tag darauf weiter atmen, essen, trinken und Witze erzählen.«

Das Leben wird auch ohne uns weitergehen, das ist mehr als bitter. Wir zählen nicht, weder als Individuen noch als Spezies. Das Universum ist auf uns nicht angewiesen. Wer will angesichts seiner oder ihrer eigenen Bedeutungslosigkeit nicht den Kopf verlieren – wo wir uns doch selbst so gern als den Nabel der Welt, die Krönung der Schöpfung betrachten? Dann lieber nicht auf die Stelle schauen, an der wir am verletzlichsten sind.

Mein Vater beispielsweise sagt: »Wenn ich sterben soll, dann sterbe ich.« Er weigert sich schon sein ganzes Leben lang beharrlich, sich bei etwaigen gesundheitlichen Beschwerden untersuchen zu lassen, und ließ uns, seine Familie, bereits vor Jahren wissen, dass er seinem Leben sofort ein Ende setzen werde, sollte sich eine ernsthafte Erkrankung bemerkbar machen. Nix mit *lebenserhaltende Maßnahmen*, die Maschinen werden gar nicht erst eingeschaltet! Und bis es so weit sei, wolle er nichts mit diesem Thema zu tun haben.

Bis ich sechsunddreißig Jahre alt war, ging es mir nicht anders. Doch seitdem befasse ich mich mit kaum etwas anderem. Dass ich das gerne mache, würde ich nicht gerade behaupten – oder zumindest tat ich das am Anfang nicht. Vor zwei Jahren wurde bei mir eine lebensbedrohliche Herzerkrankung diagnostiziert. Die medizinischen Details sind eher was für einen langen gemütlichen Nerd-Abend vor dem Kamin (den Grog nicht vergessen, bitte!), daher hier nur die relevanten Details: Mein aktuelles Problem sind gefährliche Rhythmusstörungen, die, wenn ich Pech habe, zum plötzlichen Herztod führen können. Irgendwann später werde ich mich vielleicht mit einer progredierenden Herzschwäche befassen müssen, aber darum kümmere ich mich, wenn es so weit ist. Das Ganze ist genetisch bedingt und nicht heilbar, also ist alles, was ich tun kann, die Symptome in Schach halten und Risiken vermeiden. Als man die Erkrankung bei mir entdeckte, war sie schon ziemlich fortgeschritten. »Was für ein Glück, dass Ihnen bisher nichts passiert ist«, sagte die Kardiologin. Was sie damit meinte: Ich hätte jederzeit mir nichts, dir nichts tot umfallen können. Und ich hatte absolut nichts von dieser Gefahr geahnt.

Wäre mein Leben ein Film, wäre das ein Moment der Epiphanie gewesen. Ich hätte begriffen, dass meine Existenz ganz und gar nicht selbstverständlich ist (wahrscheinlich hätte man in einem Rückblick all die anrührenden Szenen meines Lebens zusammenmontiert), und natürlich hätte ich mein ganzes, im Augenblick eher bescheiden laufendes Leben zum Besseren geändert. Allerdings waren wir nicht im Film, sondern in der Realität, und in der Realität hat man dann meistens ganz andere Probleme. Probleme, die sehr viel größer sind.

Nur wenige Monate zuvor war Edgar, mein siebenjähriger Sohn, gestorben. Einfach so, aus dem Nichts heraus. Gerade noch hatte er Bauchschmerzen gehabt, im nächsten

Moment lag er bewusstlos in meinem Armen. Zugegeben, es fällt mir schwer, das zu schreiben. Nicht nur meinetwegen, sondern vor allem Ihretwegen. Natürlich trauere ich noch immer um mein Kind, und so, wie es aussieht, werde ich das für den Rest meines Lebens tun. Aber der Gedanke an seinen Tod ist für mich ein alltäglicher geworden, er begleitet mich schließlich schon seit zweieinhalb Jahren jeden einzelnen Tag. Ihnen hingegen wird es vermutlich nicht viel anders gehen als den meisten Menschen, die mit meiner Geschichte konfrontiert sind: Sie fühlen sich sehr, sehr unangenehm berührt. Ungefähr so unangenehm, als würde sich ein Elefant mit all seinen vier stämmigen Stampfern auf ihren Brustkorb stellen. Klar, dass das sich nach *viel zu viel* anfühlt. Der Tod ist an sich ja schon ein unbegreifliches Monstrum. Aber der Tod eines Kindes? Ich kann da jeden emotionalen Fluchtreflex verstehen. Und deswegen will ich Sie auch gar nicht so irre lang mit diesem schicksalhaften Winter behelligen. Doch der Vollständigkeit halber muss ich ihn natürlich erwähnen, schließlich sollen Sie ja wissen, woher mein eher unfreiwilliges, aber doch unbändiges Interesse an diesem *crazy little thing called* Sterben kommt. Über die Frage, woran mein Sohn gestorben ist, werden wir wohl keine abschließende Klarheit mehr bekommen. Der plötzliche Herztod aber ist für die behandelnden Ärztinnen und Ärzte die Erklärung mit der höchsten Wahrscheinlichkeit. Und weil mein eigenes, bereits angegriffenes Herz in dieser Zeit weder aus noch ein wusste und nur noch ausrastete, kam ich dann schließlich zu meiner Diagnose. Nun werden

Sie verstehen, dass ich nicht »Wow, ich lebe noch!« dachte, sondern eher: »Fuck, auch das noch!« Obwohl ich dem Tod dann ziemlich schnell von der Schippe sprang. Denn dank moderner Medizintechnik wurde ich ein halber Cyborg: Mein Defibrillator gibt seit der Implantation in bedrohlichen Situationen derart zuverlässig Schocks ab, dass er mir vermutlich schon mehr als einmal das Leben gerettet hat. Besiegelt ist mein Schicksal also zum Glück noch lange nicht. Die Möglichkeit, früher als *normal* zu sterben, ist für mich dennoch allgegenwärtig. Und dann gab es ja auch noch meine beiden anderen Kinder und all die Verwandten, die den Gendefekt geerbt haben und sich in Lebensgefahr befinden konnten … Meine sonst so kontrollierbar erscheinende Welt war plötzlich zu einem einzigen Minenfeld geworden, es gab keine Sicherheit, kein Versteck, nirgendwo. Aus jeder Richtung konnte ein weiterer Schlag kommen, die Hiobsbotschaften prasselten nur so auf uns ein. Auf nichts war mehr Verlass. Alles, was ich liebte, konnte mir entrissen werden, jederzeit. Noch lange überprüfte ich nachts die Atmung meiner Kinder, als wären sie Neugeborene, erstarrte beim Klang von Krankenwagen-Sirenen und schreckte schweiß- und tränengebadet aus meinen Träumen auf. Wenn ich eins gelernt habe aus alldem, dann das: Wir haben wirklich gar nichts in der Hand. Weder unsere Gesundheit noch die unserer Lieben, weder unser Leben noch unseren Tod. Alles, was uns bleibt, ist, uns an dem zu freuen, was wir in diesem Moment haben. Denn es kann jederzeit vorbei sein.

Das mit der Epiphanie kam dann aber trotzdem noch. Langsam, aber sicher manifestierte sich das Gefühl in mir, dass ich die Sache mit dem Leben vielleicht doch ein bisschen bewusster angehen könnte. Weil ich möglicherweise nicht die von mir anvisierte Ewigkeit zur Verfügung haben würde, um mir irgendwann in der Zukunft ein besseres Leben zu machen. Denn wenn Fortuna es nicht gut mit mir meint, baut mein Herz ab, bis nichts mehr geht. Und wenn es ganz hart kommt, bin ich einfach morgen tot. Oder nachher. Da braucht nur einmal der Defibrillator auszusetzen. Allerdings rückte diese Erkrankung auch nur das Offensichtliche in mein Bewusstsein. Nämlich die Tatsache, dass ich sterben werde. Was mich allerdings höchstens im Rahmen einer komplizierten Wahrscheinlichkeitsrechnung von Ihnen unterscheidet. Vielleicht tickt meine Uhr schneller als Ihre, vielleicht aber auch nicht. Wenn ich unverschämtes Glück habe, werde ich trotz meiner Diagnose achtzig, wenn Sie Pech haben, werden Sie nachher, wenn Sie sich auf Ihr Fahrrad schwingen, von einem Laster überfahren. Oder erfahren wie die Mutter meiner Freundin Klara (die, wie die meisten Personen in diesem Buch im echten Leben anders heißt) bei einer Routineuntersuchung, dass Sie Krebs im Endstadium haben, und sind ein paar Wochen später Geschichte. Was auch immer es ist – es kann uns allen jederzeit passieren.

Nicht alles in meinem Leben wurde mit dieser Erkenntnis von heute auf morgen anders, an solche wundersamen Verwandlungen glaube ich ohnehin nicht. Ein Schicksalsschlag macht höchstens kurzzeitig einen besseren Menschen aus uns. Im Grunde sind wir, wer wir sind, und ändern uns, wenn überhaupt, erschreckend langsam. Und doch, Veränderung ist möglich, wenn wir ihr den Boden geben, den sie braucht.

Meine Erkrankung bremst mich zwar körperlich aus, aber sie hilft mir gleichzeitig jeden Tag dabei, nicht zu vergessen, dass ich keine Zeit für Bullshit habe. Und ich helfe wiederum Ihnen dabei, das ebenfalls nicht zu vergessen. Denn der Tod geht uns alle etwas an, egal, ob wir morgen sterben oder erst in hundert Jahren. Wir alle werden ihn erleben und auf dem Weg dahin wahrscheinlich Menschen gehen lassen müssen, die wir lieben.

Epikur und seine Kumpel sahen in der menschlichen Furcht vor dem Tod die Grundwurzel allen Leids, für das die Philosophie zum Gegengift gereichen möge. Also lassen Sie uns gemeinsam ein bisschen unsere Gedanken schweifen. Der Tod gehört nun einmal zum Leben dazu. Uns nicht nur als *Lebe-*, sondern auch als *Sterbewesen* zu akzeptieren, ist der einzige Weg, mit ihm zurechtzukommen. So ähnlich formulierte das auch Michel de Montaigne in seinen *Essais*: »Um damit anzufangen, ihm [dem Tod] seinen großen Vorteil über uns abzugewinnen, müssen wir eine der gewöhnlichen ganz entgegengesetzte Methode einschlagen. Benehmen wir ihm das Fremde, machen wir seine Bekanntschaft, halten wir mit ihm Umgang [...]. Es ist ungewiss, wo uns der Tod erwartet; erwarten wir ihn also allenthalben! Sinnen auf den Tod ist Sinnen auf Freiheit. Wer Sterben gelernt hat, versteht das Dienen nicht mehr.« Und an einer anderen Stelle: »Wer die Menschen sterben lehrte, würde sie leben lernen.« Natürlich lässt sich das Sterben nicht im wörtlichen Sinne lernen, wir tun es schließlich nur ein einziges Mal. Und doch können wir uns im Umgang mit ihm üben, ganz so, wie jemand mit Höhenangst diese nur überwinden kann, wenn er oder sie sich der Höhe stellt. Wer den Tod nicht fürchtet, wer auf ihn vorbereitet ist, ist wirklich frei.

Und darum gehört der Sensenmann auch dringend aus dem Untergrund in unser Bewusstsein geholt; mit ihm vor Augen lebt es sich besser als ohne ihn. Das verspreche nicht nur ich Ihnen, sondern auch Franz Joseph Wetz in *Tod, Trauer, Trost. Was am Ende hilft*: »Wer das Leben will, muss lernen, den Tod hinzunehmen.« Und das Leben, das wollen wir doch alle. Voll und reif und süß und saftig! Schauen wir es uns an, wie so ein Leben aussehen kann, wenn man gelernt hat, den Tod hinzunehmen. Wie läuft das so, in all seinen kleinen Einzelteilchen? Was verschiebt sich in Beziehungen, was verändert sich bei der Arbeit? Schreibt man plötzlich Bucket Lists und Testamente? Und wie wird man nicht verrückt über alldem?

Und keine Sorge, ich werde hier nicht mit Carpe-Diem-Plattitüden um mich werfen. Höchstens ein bisschen Memento-Mori-Duft versprühen (für irgendetwas soll sich das große Latinum schließlich auch gelohnt haben). Wie er wohl riecht, dieser Duft? Für mich definitiv leicht und frei. Nach Maiglöckchen vielleicht. Und Aperol Spritz in der Sonne. Er duftet nach Aufbruch in Richtung Wolken.

Als ob es dein letzter Tag wäre

Mit Vollgas, aber ohne Bucket List

Den ganzen Vormittag schon knurrt mein Magen wie ein wütender Hund. »Aus!«, zische ich ihm in regelmäßigen Abständen zu, aber er will nicht hören. Er fordert sein Frühstück, sofort! Dabei mache ich doch jetzt Intervallfasten, Essen nur von zwölf bis acht, und außerdem, bei dem Gedanken muss ich seufzen, ausschließlich vegan. Ich habe mir das nicht selbst ausgedacht, nein, Studien weisen darauf hin, dass Intervallfasten und pflanzenbasierte Ernährung einen positiven Effekt auf die Herzgesundheit haben. Und Herzgesundheit habe ich nun einmal bitter nötig, denn mit ein bisschen Glück kann man das Fortschreiten meiner Erkrankung verlangsamen. Medikamente und der Verzicht auf Sport helfen dabei, ansonsten gelten die üblichen Empfehlungen für Herzkranke: nicht rauchen, wenig trinken, Vorsicht mit Koffein, ausreichend schlafen, kein Stress.

Nicht dies, nicht das, nicht jenes. An manchen Samstagabenden, wenn ich um zehn Uhr nach einer auf der heimischen Couch genossenen Tasse Kräutertee ins Bett gehe, frage ich mich, wessen Leben ich hier eigentlich lebe. Von Natur aus bin ich doch ganz anders. Rauchen, Trinken, Achterbahn: Ich nehme jedes Drama mit, das ich bekommen kann, jede Sahnetorte, jeden Spaß. Sollte ich es nicht jetzt erst recht krachen lassen, statt Partys, Termine und lukrative, aber stressige Jobs abzusagen? So machen das doch die Todgeweihten in den Filmen immer: klauen besoffen Autos, um ans Meer zu fahren, fliegen in einem Privatjet um die Welt oder fangen gleich an, Meth zu kochen. Auf die Kacke hauen – das ist, was mein Naturell von mir verlangt. Statt nervös vor Hunger auf meiner Fitnessuhr rumzutippen, um herauszufinden, wie weit ich noch von meinen täglichen zehntausend Schritten entfernt bin. Will ich mich den möglicherweise kümmerlichen Rest meines Lebens mit Ertüchtigungsmaßnahmen quälen, wenn ich mich genauso gut von einem Exzess zum nächsten schmeißen, das Leben in vollen Zügen auskosten könnte?

»Du willst doch bestimmt noch irgendetwas Krasses machen, bevor du stirbst«, sagte letztens ein Bekannter. »Mit Delfinen schwimmen, die Niagarafälle sehen oder so etwas.« Schließlich sei das doch die typische Reaktion auf die Endlichkeit des Lebens: Erstmal eine Bucket List erstellen. Mit Coffee-to-go-Bechern in der Hand liefen wir unter frühsommerlich ausladenden Bäumen an saftigen Wiesen entlang. Schwanenbabys drehten im Teich ihre Runden, Kinder kreischten fröhlich. Alles um uns herum machte voll einen auf Leben, während wir über den Tod sprechen wollten. Und meine Bucket List. Dabei hatte ich nicht mal eine.

Klar habe ich Lebensträume, wie alle normalen Menschen, die sich noch nicht völlig aufgegeben haben. Andere fantasieren vielleicht vom eigenen Café, einer Weltreise, dem Ganzkörpertattoo … Bei mir ist es vor allem der bescheidene Wunsch, nicht mehr jeden zweiten Monat vor der Frage zu stehen, wen ich diesmal wohl anpumpen könnte. So einmal im Jahr fände ich okay. Warum ich mir diesen Lebenstraum mit knapp vierzig noch immer nicht erfüllt habe? Weil ich schreiben wollte. Und mit dem Schreiben ist es bekanntlich kompliziert. Diese Freiheit also war mir bislang wichtiger als finanzielle Stabilität. Das ist eine Entscheidung, die ich getroffen habe und die ich jederzeit revidieren kann. Mit anderen Worten: Unerfüllte Lebensträume bleiben unerfüllt, weil wir es so bestimmen. Anderes hat für uns mehr Vorrang. Denn würden wir das Café, die Weltreise, das Tattoo wirklich und wahrhaftig wollen, dann würden wir auch einen Weg finden, das zu verwirklichen. Dagegen ist gar nichts einzuwenden: Nicht jeder Traum muss in Erfüllung gehen. Vielleicht stellen wir aber auch eines Tages fest, dass wir die Prioritäten falsch gesetzt oder sie sich wie von selbst verschoben haben. Vielleicht kommt uns aber eines Tages doch noch unser Café in den Sinn, und wir denken: Jetzt oder nie! Nur allzu vieles bleibt unverwirklicht, weil wir davon ausgehen, die Ewigkeit vor uns zu haben. *Wenn ich erst die Gehaltserhöhung habe … Wenn die Wohnung fertig renoviert ist … Wenn die Kinder aus dem Haus sind …* Merken Sie selber, oder? Unser Leben zieht an uns vorüber, während wir es immer weiter in die Zukunft schieben. Sigmund Freud ist sich in *Zeitgemäßes über Krieg und Tod* sicher: »[…] im Grunde glaube niemand an seinen eigenen Tod oder, was dasselbe ist: Im Unterbewussten sei jeder von uns von seiner Unsterblichkeit überzeugt.«

Das Problem liegt in der bloßen *Möglichkeit* eines unerwarteten Todes. Denn ich habe keine Krebsdiagnose, die mir noch drei Monate zu leben gibt. Ich bin nicht einmal wirklich todgeweiht. Deutlich todgeweihter als Sie vielleicht, doch wer weiß, vielleicht bräune ich eines fernen Tages meinen schrumpeligen Hintern in der Sonne Teneriffas direkt neben Ihrem. »Irgendwann sterben heißt niemals sterben«, schreibt Franz Joseph Wetz. Solange uns das Schicksal unsere Endlichkeit nicht unter die Nase reibt, ist sie für uns nicht existent. Doch so ganz in Ruhe lässt sie uns trotzdem nicht. Der Psychoanalytiker Irvin D. Yalom beschreibt in *In die Sonne schauen. Wie man die Angst vor dem Tod überwindet* anhand etlicher Fallstudien, wie die meisten Probleme seiner Psychoanalyse-Patientinnen und -Patienten sich im Gespräch als unbewusste Todesfurcht entpuppen. Bei Phobien und Zwängen liegen die Dinge ja noch auf der Hand: In was könnte die Angst vor dem Tod, davor, die Kontrolle zu verlieren, sinniger kulminieren? Selbst Themen wie Unbehagen mit dem Altern, berufliches oder privates Versagen, sogar die Unfähigkeit, sich zu binden oder Entscheidungen zu treffen, liefen alle auf dieselbe, meist unbewusste Frage hinaus: »Was, wenn mir nicht mehr genug Zeit bleibt, alles aus meinem Leben zu holen?« Treibt man das auf die Spitze, kann es passieren, dass man aus Angst vor dem Tod das eigene Leben verpasst. Schaue ich mich mit dieser Analyse im Kopf in meinem Bekanntenkreis um, dann scheint Todesangst fast überall ihr Unwesen zu treiben: Ist das der richtige Job? Die richtige Stadt? Die richtige Beziehung? Die Welt scheint voll zu sein von immer besseren Optionen bei eher gleichbleibender Lebensspanne. Kein Wunder, dass es so schwierig ist, sich auf eine von ihnen festzulegen. Der Tod schließlich treibt den Verzicht auf die Spitze als, um es mit Martin Heideggers Worten zu sagen, »Unmöglichkeit weiterer Möglichkeit«. Mit ihm ist ein für alle Mal mit allem Schluss. So gesehen kann man unsere kollektive FOMO, unsere ständige Angst, etwas zu verpassen, als kleine Schwester der Todesfurcht bezeichnen und selbst mein Hadern mit dem Verzicht als ein Hadern mit dem Unausweichlichen.

Womit es mir nicht viel anders geht als all den anderen *Normalsterblichen* da draußen. Ich bin mir sicher, auch Sie kennen Fragen dieser Art: Lasse ich das Rauchen sein, um mir zehn Jahre Leben zu erkaufen? Bewege ich mich genug, um auch im Alter noch aus dem Lehnsessel zu kommen? Höre ich auf, Müll zu essen, bevor ich krank werde? Am Ende müssen wir immer abwägen zwischen einem Genuss im Jetzt und einem Gewinn in einer vielleicht nie zu erreichenden Zukunft. Das Jetzt ist sicher, die Zukunft ist es nicht.

Und dann ist die Rechnung noch nicht einmal so einfach, wie wir sie gerne hätten. Es gibt Menschen, die bekommen Lungenkrebs, obwohl sie noch nie in ihrem Leben geraucht haben. Bei anderen schmerzen die Gelenke, obwohl sie schon seit Jahren Yoga machen. Und wieder andere haben Diabetes, obwohl Clean Eating ihr zweiter Vorname ist. Niemand kann uns versprechen, dass wir das bekommen, worauf wir gewettet haben. Und doch müssen wir uns alle immer wieder dieser einen Frage stellen: Was, wenn ich nicht genug für meine Gesundheit tue? Nahmen Menschen früher Todesfälle und Krankheiten als Schicksalsschläge einer göttlichen Macht hin, gehen sie heute von einer grenzenlosen *menschlichen* Macht aus, schreibt Barbara Ehrenreich in *Wollen wir ewig leben? Die Wellness-Epidemie, die Gewissheit des Todes und unsere Illusion von Kontrolle*: »Wir können [...] die Ursachen von Krankheiten auf zellulärer Ebene und in ihren chemischen Vorgängen verstehen, deshalb sollten wir in der Lage sein, sie zu vermeiden, indem wir uns an die Regeln der medizinischen Wissenschaft halten [...]. Wer sich nicht an die Regeln hält, riskiert einen frühen Tod. Oder anders formuliert: Jeder Todesfall kann vor diesem Hintergrund als Selbstmord verstanden werden.«

Und dann – Zynismus beiseite – hat der Mensch ja auch ein Recht darauf, sich selbst zu zerstören. Er darf rauchen, saufen, ohne Gummi durch die Gegend vögeln, und wenn er sich die Pulsadern aufschlitzen will, kann ihn auch niemand daran hindern. Schwierig wird's nur für die anderen. Die, die ihn lieben, die an ihm hängen und die sein Leid aushalten oder ohne ihn zurückbleiben müssten. Und an die denken wir am allermeisten, stimmt's? Mir zumindest geht es so. Auch wenn ich weiß, dass meine beiden Teenage-Töchter ihren Weg im Leben auch ohne mich machen würden, will ich sie doch als Mutter begleiten und mit Liebe volltanken, bis es wirklich nicht mehr geht. Ich will, dass mein Partner unser gemeinsames Leben genießt, dass meine Familie, meine Freundinnen und Freunde so viel wie möglich von mir haben. Ich will sie alle, alle glücklich sehen. Schlimm genug, dass ihr Wohlergehen nicht allein von mir abhängt! Und darum kann ich auch keine Autos klauen, kein Meth kochen und erst recht nicht in einem Privatjet um die Welt fliegen (meine Kinder würden sich für diesen Beitrag zur Klimakatastrophe recht herzlich bedanken). Nein, ich trinke Tee, gehe früh zu Bett und lasse meinen Magen knurren.

Das klingt nicht nur verdammt uncool, das ist es auch. Trotzdem würde ich mich zu der kühnen Behauptung hinreißen lassen, dass mir diese durch und durch miese Erkrankung eine Lebensqualität beschert hat, von der ich nie zu träumen gewagt hatte. Denn wenn man weiß, dass man möglicherweise nicht ganz so viel Zeit auf dieser Erde haben wird wie gedacht, betrachtet man das eigene Leben durch eine Art Filter. »Was ist wirklich wichtig?«, wird zur Frage der Stunde, und zwar jeder einzelnen. Wenig überraschend rangiert für mich Zeit mit meiner Familie, meinem Partner und dem engsten Freundeskreis ganz weit oben, alles, was sich hingegen nach sozialen Verpflichtungen anfühlt, lasse ich hinten runterfallen. Im Job mache ich es ganz genauso. Keine halbgaren Sachen mehr und von allem nur noch wenig. Das macht sich natürlich bemerkbar, und wenn ich hin und wieder an meinen zukünftigen Hintern auf Teneriffa denke, frage ich mich, von welchem Geld er es sich bitte gut gehen lassen wird. Aber fürs Erste muss ich sehen, wie ich in der Gegenwart überlebe. Also gestalte ich meinen Alltag so angenehm wie möglich, nehme mir Zeit zum Spazierengehen, Teetrinken, Spielen, Reisen. Letzteres ist so etwas wie ein Guilty Pleasure für mich geworden.

Ich bin nicht viel herumgekommen in meinem Leben. Als andere nach dem Abi Work-and-Travel in Australien machten, aß ich Tütensuppe auf irgendeiner nackten Matratze. Dass es so etwas wie Au-pair gab, wusste ich noch nicht mal. Kindermädchen, das war doch irgendwas Bourgeoises, aus vorrevolutionären Zeiten?! Später dann, als ich erwachsen war, waren die Kinder klein, und Geld gab es noch immer keins. Erst jetzt, das muss ich zugeben, erlaube ich mir ab und an den Luxus einer kleinen Reise ins Ausland. London mit den Kindern, Bologna und Saint-Tropez mit dem Freund … Eines Tages würde ich es wirklich gern nach Japan schaffen und in einem ihrer Onsen baden. Doch ob ich das noch mal erlebe oder nicht, ist am Ende ziemlich egal. Denn in Summe wird mich diese Erfahrung weder glücklicher noch unglücklicher machen, als ich jetzt schon bin. Keine noch so fetten Haken auf einer Bucket List können etwas an unserem Bedauern ändern, wenn wir unser Leben nicht gelebt haben. Und *mein Leben*, das bedeutet für mich vor allen Dingen, mit den Menschen zusammen zu sein, die ich liebe.

Vor einer Weile unterhielt ich mich mit dem Vater meines Freundes über die Gebrechen des Alters. Alle anderen waren in der Küche verschwunden, nur uns zwei hatte man offenbar auf dem Sofa vergessen, wo wir an hausgemachtem Kräuterlikör nippten, dessen Zutaten, bis auf den Sprit natürlich, im Garten hinter dem Haus wuchsen. Er sei nun in seinen Siebzigern, erzählte er mir, da würde einem alles nicht mehr so leichtfallen. Die eine Hüfte sei schon im Eimer. Und überhaupt könne man nun nicht mehr wissen, wie lange es noch gehen würde. »Aber weißt du«, schloss er, »eigentlich fände ich es gar nicht so schlimm, wenn ich jetzt sterben müsste. Ich habe ein tolles Leben gehabt. Da gibt es nichts, was noch unbedingt kommen müsste. Es war schon so viel Schönes da.« Irgendetwas prickelte angenehm in meinem Kopf. Vielleicht war es der Kräuterlikör, vielleicht war es aber auch die Erkenntnis, dass es mir ganz genauso geht. Ich würde lügen, würde ich behaupten, ich fände es nicht geil, endlich den ranzigen Laminatboden unserer Vormieter durch ein paar ordentliche Holzdielen zu ersetzen. Oder dass ich nicht darauf warte, endlich zu Markus Lanz eingeladen zu werden. Ich habe noch lange nicht alles geklärt und erreicht, was ich in meinem Leben klären und erreichen will. Ich weiß nicht mal, ob dieser Zustand wirklich hundertprozentig herzustellen ist, egal, in welchem Alter. Aber vielleicht kann ich auch nur deswegen so entspannt beim Thema Bucket List bleiben, weil ich ein wirklich ausgefülltes Leben hatte und habe. Ich weiß, wie es ist, zu lieben und geliebt zu werden, habe drei wunderschöne Babys zur Welt gebracht und einen Beruf gefunden, der mich glücklich macht. Alles, was jetzt an Dingen, Erlebnissen, Begegnungen on top kommt, kann nur noch die berühmte Kirsche sein: Meinen Kuchen finde ich nämlich auch so schon ziemlich Hammer. Ist es Nietzsches berühmte Maxime *Amor fati*, die Liebe zum Schicksal, die ich kultiviert habe, oder habe ich mir trotz aller Rückschläge ein Schicksal erschaffen, das ich lieben kann? Ich weiß es nicht. Doch was ich weiß, ist, dass wir bei aller Unsicherheit, die im Leben lauert, lange nicht so hilflos sind, wie wir zu glauben pflegen.

Natürlich habe ich nicht jeden Tag so gelebt, als ob es mein letzter wäre. Und das habe ich auch in Zukunft nicht vor. Ich habe stundenlang mit nichts als einer Unterhose am Körper auf dem Sofa gelegen und strunzdumme Serien geglotzt. Ich habe Jobs angenommen, die ich gehasst habe, und mich dabei auch noch viel zu billig verkauft. Ich habe die Kinder angeschrien, meine Mutter nicht zurückgerufen, mich sinnlos betrunken, gekotzt und dann Leute beleidigt. Ich habe ganz schön viel Mist gemacht. Und das ist okay. Wir können nicht jede Sekunde im Leben das Richtigste, Schönste und Beste tun, zu dem wir in der Lage sind. Manchmal langen wir eben auch daneben. Vertrödeln Zeit. Machen uns zum Affen. Wie herrlich und entspannend!

Und überhaupt, wenn wir jeden Tag so leben würden, als ob es der letzte wäre, wie sähe das denn dann aus? Also ich würde mir meine Liebsten schnappen und sie in dieses eine japanische Restaurant ausführen, dessen Menü sich nur ein DAX-Vorstand leisten kann. Alle, die nicht mitkommen, würde ich noch mal anrufen wollen, also hinge ich den Rest der Zeit am Telefon. Vielleicht würde ich auch ein letztes Mal durch den Park spazieren wollen oder – noch viel lieber – in irgendeinen Vergnügungspark mit Achterbahn gehen, die ich dank Herz jetzt für immer meiden muss … Mit anderen Worten: Weder Geld noch Gesundheit noch irgendein Gedankenfetzen an die Zukunft würden eine Rolle spielen. Alles, was es gäbe, wäre das Jetzt. Es wäre einfach wundervoll. Nur leider müsste ich nach ein paar solcher Tage tatsächlich sterben, weil ich am Ende meiner Kräfte wäre. Und restlos verschuldet noch dazu.

Trotz allem kann ich mit ziemlicher Sicherheit sagen, dass ich mein Leben so lebe, als ob ich nur dieses eine hätte. Vielleicht besteht es aus nicht ganz so viel Party, rotweingetränkten Schreibsessions und nervenaufreibenden Projekten, wie ich es gerne gehabt hätte. Da ist deutlich weniger Ego-Show, dafür aber auch mehr Gelassenheit. Nicht einmal auf Instagram, wo ich es einst liebte, mich über dieses und jenes zu echauffieren, habe ich noch besonders viel zu sagen. Verzicht ist manchmal gar nicht mal so übel.

Aber sagen Sie mal, ist Ihnen eigentlich aufgefallen, wie meine Stimmung mit jedem Absatz besser und besser geworden ist? Ich habe heimlich ein Käsebrot gegessen, das war der ganze Trick. Auf die eigene Gesundheit zu achten, ist schon eine feine Sache. Aber über die Stränge schlagen sollte man auch in dieser Hinsicht vielleicht besser nicht. Denn wie sagte schon ein weiser Kalenderspruch? Das Leben ist viel zu kurz für schlechte Laune.

Nicht alleine sterben

Vater, Mutter, Kind und Freunde

Einatmen, ausatmen, Klartext reden: »Nein, das geht leider nicht.« Sooft ich Neinsagen in der letzten Zeit geübt habe, so schwer tue ich mich immer noch damit. Ich will doch alles schaffen, überall dabei sein, immer mitmachen! Kurze Stille am anderen Ende der Leitung. Dann: »Oh. Na gut, auch kein Problem.«

War gar nicht schlimm, meiner Tante den Wochenendbesuch abzusagen, denke ich hinterher. So ist es zu meiner eigenen Überraschung in den meisten Fällen: Man nimmt es mir nicht übel, wenn ich nicht will, was die anderen wollen. Wenn ich nach meiner Lesung lieber ins Hotelzimmer abhaue, statt mit der Freundin, die zufällig auch in der Stadt ist, noch was trinken zu gehen. Oder wenn ich lieber mit meiner Tochter einen Netflix-Abend verbringe, statt mit meinem Freund ins Konzert zu gehen.

Für viele Menschen mag es normal sein, zu sagen, was sie wollen und was nicht. Ich hingegen war es die längste Zeit meines Lebens gewöhnt, entweder Dinge zu tun, die ich nicht wollte, oder Ausflüchte zu erfinden, deretwegen ich mich tagelang ärgerte. Um jeden Preis wollte ich unangenehme Situationen vermeiden. Auf der Strecke blieb dafür ich selbst. Oder die Ehrlichkeit. Heute, mit neununddreißig Jahren, habe ich genug von diesen Spielchen. Und möglicherweise auch nicht mehr so wahnsinnig viel Zeit dafür.

Trotz all dieser Anpassung an die Erwartungen und Bedürfnisse anderer werde ich nicht eine dieser Sterbenden sein, die auf ihrem Totenbett alles Mögliche bedauern. Gedanken mache ich mir über die Fragen, die Menschen an ihrem Lebensende umtreiben, dennoch.

»Es ist schlimm, wenn dir klar wird, dass du gelebt hast und nun sterben musst«, schreibt Roland Schulz in *So sterben wir. Unser Ende und was wir darüber wissen sollten.* »Schlimmer ist, wenn dir klar wird, dass du nicht gelebt hast und nun sterben musst. Dann treibt es Dinge hervor, die du wohl verborgen wähntest. Verdrängte Konflikte. Zerbrochene Beziehungen. Versäumte Gelegenheiten. Gebrochene Versprechen. Vergeudete Jahre.« Noch nie hat, wie wir wissen, irgendwer am Ende seines Lebens bereut, eine zu flache Karriere hingelegt oder zu wenig Geld verdient zu haben. Was Menschen sich aber offenbar mit großer Regelmäßigkeit fragen: Habe ich mich mit meinen Liebsten ausgesöhnt? Gibt es Ungesagtes? Vertanes? Wir können nun mal nicht anders, wir sozialen Tierchen – unsere Beziehungen sind uns das Wichtigste auf der ganzen Welt.

Vielleicht ist auch deswegen die Vorstellung so beängstigend, alleine oder sagen wir eher *unbegleitet* zu sterben. Der Tod ist ein großer Unbekannter: Was kommt, wenn unser Leben vorüber ist? Kommt überhaupt irgendetwas? Natürlich erfüllt uns das mit Angst und Unbehagen, und natürlich wollen wir in diesem unheimlichen Prozess gehalten sein von Menschen, die wir lieben. Eine warme Hand auf unserer spüren, uns umsorgt fühlen und verstanden. Sterben müssen wir aber dann trotz allem für uns allein. Es sei »das einsamste Ereignis im Leben«, schreibt Yalom. »Sterben trennt einen nicht nur von anderen, sondern setzt einen einer zweiten, noch viel furchterregenderen Form von Einsamkeit aus: Trennung von der Welt an sich.« Versuche, diese Trennung zu überwinden, gibt es noch und nöcher in den verschiedensten Kulturen dieser Welt, seien es Selbstmordpakte, Grabbeigaben in Form von lebenden Sklaven oder Ehefrauen, und selbst die Idee von einem Wiedersehen im Himmel oder der Auferstehung der Toten läuft auf das Gleiche hinaus: Im Tod nicht völlig auf sich allein gestellt zu sein. Da wir über ihn aber nur spekulieren können, halte ich es für ratsam, sich auf das zu konzentrieren, was wir überblicken können und gänzlich in der Hand haben: gute Beziehungen im Hier und Heute, die uns, wenn wir Glück haben, bis an unser Lebensende begleiten, wenn schon nicht darüber hinaus.

Für mich bedeutet das vor allen Dingen, Ehrlichkeit zu lernen. Ich war es gewohnt, mich wegzuducken, auszuweichen, Konflikte zu vermeiden. In meiner Herkunftsfamilie ist der Umgang eher knöchern. Gefühle werden ungern behandelt. Man spricht nicht über Dinge, die emotional schwierig sind oder es irgendwann waren. Was gewesen ist, ist gewesen, Menschen sind so, wie sie sind, und Punkt. Als ich noch jünger war, habe ich dagegen aufbegehrt, habe Briefe geschrieben, tränenreiche, vorwurfsvolle Reden gehalten. In den vergangenen Jahren bin ich ziemlich still geworden. Vielleicht habe ich die Sprachlosigkeit auch einfach akzeptiert. Es gehört schließlich zum Erwachsenwerden dazu, zu begreifen, dass man andere Menschen nicht ändern kann, allerhöchstens sich selbst. Also an die eigene Nase fassen, Lewina: *Ich* bin diejenige, die sich dazu entschieden hat, diese Familienkultur zu übernehmen und das »Wie geht's dir? – Gut«-Spiel mitzuspielen. Meine eigenen Themen aus den Gesprächen mit der Verwandtschaft rauszuhalten und vor allen Dingen die, die zwischen uns stehen. Und an diesem Zustand muss ich dringend etwas ändern. Denn ich spüre, wie unfrei ich im Kontakt mit meiner Familie bin. Wie klein ich werde und wie wenig ich selbst, wenn ich jemanden von ihnen zu Besuch erwarte. Und wie leicht diese Konditionierung auf alle anderen meiner Beziehungen überspringt.

Manchmal fantasiere ich davon, wie ich meinen Eltern alles um die Ohren haue, was sie an mir versemmelt und verhauen haben. Aber auch, wenn ich's gerne würde und insgeheim auf die Situation warte, in der das möglich sein könnte (eine Situation, die natürlich niemals kommt) – vielleicht muss ich mit ihnen nicht noch einmal durchgehen, was alles schiefgelaufen ist, als ich noch Kind und von ihnen abhängig und hilflos war. Schließlich wissen wir das alle ganz genau. Aber was ich wirklich dringend sollte: über das Hier und Heute Klartext reden. Sagen, wenn mir etwas nicht gefällt. Oder mich ein Verhalten irritiert. Aufhören, gefallen zu wollen. So wie letztens, als ich wegen eines Familienkonflikts meinen Vater anrief. »Ich finde, was du machst, nicht richtig«, sagte ich zu ihm. Natürlich sah er das anders, denn wer als er selbst könnte schon im Recht sein? Der Paterfamilias war schließlich er. Aber für mich war dieses Gespräch trotz des objektiv unbefriedigenden Ausgangs bahnbrechend. Ich hatte ihm zum allerersten Mal seit Jahren offen meine Meinung gesagt, darum ging es.

Ich rede ganz schön viel über meine Eltern, finden Sie? Es geht nicht anders. Schließlich sind unsere Eltern die Menschen, die uns zeigen, wie Bindung funktioniert. Egal, mit wem wir unser Leben teilen: Geliebte, Kinder, Weggefährtinnen, Haustiere – was uns in diesen Beziehungen umtreibt, haben uns unsere Eltern (oder eben die Bezugspersonen, mit denen wir aufgewachsen sind) mitgegeben.

Meine Angst, jemandem vor den Kopf zu stoßen und in der Konsequenz nicht mehr geliebt zu werden, schwappt in meine Rolle als Partnerin und Mutter genauso hinein wie in die als Freundin. Auch hier übe ich, mich nicht zu verstecken, ehrlich zu sein, zu mir selbst zu stehen. Schließlich ist Selbstlimitierung im Angesicht des Todes das Letzte, was man wollen kann. So wie der Vater eines Freundes sich auf seinem Sterbebett plötzlich über die Berufswahl seines Sohnes echauffierte: Zeitlebens hatte er sich offensichtlich nicht erlaubt, seine Meinung darüber kundzutun, nun aber brach sie aus ihm heraus. Wir lachen heute noch darüber – wie gut, dass es raus war, auch wenn es so lange gebraucht hatte!

Vielleicht fällt es Menschen, denen die Endlichkeit des Lebens besonders bewusst ist, grundsätzlich leichter als anderen, zu ihrer Meinung zu stehen. Vielleicht wird dieses Verhalten von anderen sogar eher akzeptiert. Wenn ich mit meiner Beobachtung recht haben sollte, dann finde ich das schrecklich bedauerlich. Es soll ja Menschen geben, die finden, ein Zusammenleben mit anderen sei ohne Notlügen und kleine Unehrlichkeiten nicht auszuhalten – zu viele Verletzungen, zu viele Probleme. Ich glaube, es ist genau andersherum. Schauen Sie sich nur irgendein x-beliebiges Theaterstück oder ein Drama im Fernsehen an, meinetwegen sogar eine Komödie: Sie werden feststellen, dass nahezu jeder Konflikt, dem die Protagonistinnen und Protagonisten ausgesetzt sind, aus irgendeiner Art von Unehrlichkeit entsteht, egal, ob anderen gegenüber oder nur sich selbst. Und im echten Leben ist es nicht anders. Indem wir uns zeigen, wie wir sind, lassen wir nicht nur viele zwischenmenschliche Probleme gar nicht erst aufkommen, sondern bekommen überhaupt erst die Chance auf eine tiefe, authentische Beziehung zu unserem Gegenüber. Ehrlich zu sein, bedeutet nicht gleichzeitig, in Rücksichtslosigkeit zu verfallen und nur noch an sich selbst zu denken. Im Gegenteil, je mehr wir uns erlauben, wir selbst zu sein, desto leichter fällt es uns, anderen das Gleiche zuzugestehen. Wir können lieben, ohne unsere Zuneigung an Erwartungen zu knüpfen. Und endlich zulassen, für das geliebt zu werden, was wir sind.

Wenn wir so leben, haben wir am Ende wenig zu bereuen – und wenig, was uns noch auf der Seele liegt. Meine Kinder und mein Freund wissen, wie sehr ich sie liebe, weil ich es ihnen sage, sooft es geht. Weil ich ihnen zuhöre und auf ihre Bedürfnisse achtgebe. Weil ich für sie da bin, wenn sie es brauchen. Und genauso wissen sie, wie sehr mir meine Fehler leidtun, weil ich mich für sie entschuldige. Manche werden meinen Kindern (und mir) vielleicht erst auffallen, wenn sie älter sind oder gar erwachsen. Und dann werden wir darüber reden müssen.

Es kommt in unseren nahen Beziehungen nicht darauf an, alles perfekt zu machen. Das können wir auch gar nicht, so verhunzt, wie wir alle sind. Es kommt darauf an, sich und die eigenen Gefühle ehrlich mitzuteilen. Und ebenso bereit zu sein, dem oder der anderen zuzuhören. Vielleicht werden wir damit nicht immer in offene Arme laufen. Dann haben wir immerhin eine Grundlage, auf der wir über die jeweilige Beziehung nachdenken können. Und übrigens, für alle, die es noch nicht wussten: Nicht jede Verbindung muss aufrechterhalten werden, egal, wie viel genetisches Material im Spiel ist. Vielleicht aber wird unser Gegenüber auch erleichtert sein, weil es endlich mal die Chance bekommt, ein Thema auf den Tisch zu hauen, das im Untergrund schwelte. In jedem Fall aber staut sich auf diese Weise gar nicht erst irgendetwas an, das eines fernen Tages, womöglich auf dem Sterbebett, geklärt werden müsste. Und falls die Sache mit den offenen Rechnungen bereits überhandgenommen haben sollte, lassen Sie sich gesagt sein: Vergebung ist das Beste, was je für unser Seelenheil erfunden wurde. Jemandem zu vergeben, bedeutet nicht, der anderen Person recht zu geben in dem, was sie getan hat. Es bedeutet, die Tatsache anzuerkennen, dass es passiert ist, und es gehen zu lassen. Ich habe meinen Eltern vergeben, dass sie so waren, wie sie waren. Der Freundin, die heimlich meinen Freund geküsst hat. Ich habe sogar dem Typ vergeben, der mich vergewaltigt hat, als ich fünfzehn war. Dafür braucht es keine Entschuldigung, keine Einsicht, keine Reue auf der anderen Seite. Wir müssen die Person, die uns Schmerz zugefügt hat, nicht mögen, wir müssen noch nicht einmal mit ihr etwas zu tun haben wollen. Es braucht nur uns selbst und die Entscheidung, nicht in Groll zu verharren, sondern uns all dem Guten zuzuwenden, das das Leben für uns bereithält.

Denn auf eines können wir uns alle sicher einigen: dass wir es schon zu Lebzeiten mit den Menschen, die uns umgeben, gut haben wollen und nicht erst, wenn das alles hier fast vorbei ist.

Bis dass der Tod euch scheidet

Liebe und all das

»Ich will nicht, dass das hier vorbeigeht.« Die Luft ist schwer und feucht, Wasserperlen benetzen mein Gesicht. Träge lasse ich meinen Hinterkopf auf den Badewannenrand sinken und meinen Körper noch tiefer ins Wasser. Der Tag war anstrengend, mein Freund und ich, wir wollten uns entspannen. Doch stattdessen sagt er diesen Satz.

Er tut das nicht, weil wir gestritten hätten. Oder sich eine Trennung anschleichen würde. Er tut das, weil ich neuerdings nur noch selten die Treppen zu meiner Wohnung schaffe. Weil ich so langsam laufe, als hätte ich zwei gebrochene Beine. Weil ich immer öfter »Hol mich bitte ab!« ins Telefon japse, an irgendeiner Straßenecke darauf hoffend, dass sich mein galoppierendes Herz wieder beruhigt. Seit siebzehn Jahren kennen wir uns jetzt, seit einem Jahr sind wir zusammen. Das ist noch keine Ewigkeit, könnte aber eine werden; jedenfalls sind wir gekommen, um zu bleiben.

Zwei Monate nach der Implantation meines Defibrillators hatte ich nicht nur das erste Wiedersehen seit Jahren mit ihm, sondern auch meinen ersten Defi-Schock. Ausgerechnet beim Tischtennis – einem Sport, dem ich echt nicht zugetraut hätte, mein Herz an seine Grenzen zu bringen. Er war sofort bei mir, stellte sich hinter mich, sodass ich Häuflein Elend mich an ihn lehnen konnte. Später lachten wir darüber: Was für ein Abenteuer, und das gleich zu Beginn! Ich hatte ihm schon am Telefon von der Herzgeschichte erzählt, die Narben an meinem Körper hätten eh Bände gesprochen. In dem Moment war die Erkrankung nicht mehr als ein weiteres kurioses Detail meiner Biografie, wir dachten ja beide nicht an Beziehung, eher an ein Abenteuer. Aber merkwürdigerweise ließ das gemeinsame Durchleben von so etwas Bedrohlichem wie diesem plötzlichen Schock eine unerwartete Tiefe zwischen uns entstehen. Ein bisschen Nervenkitzel beim ersten Date erhöht die Wahrscheinlichkeit, dass sich zwei Menschen toll finden, das ist sogar wissenschaftlich bewiesen. Danach war das mit dem Nervenkitzel jedoch eher etwas für die anderen: Ich gewöhnte mich daran, langsamer zu machen, mehr zu schlafen, seltener Alkohol zu trinken. Mehr krankheitsbedingte Einschränkungen gab es in unserer Beziehung zunächst nicht, also war zum Thema Sterblichkeit auch nicht viel zu sagen. Bis es sich uns nach etwa einem Jahr mit voller Wucht aufdrängte. Defi-Schocks, Krankenhausaufenthalte, ständige Herzrhythmusstörungen, ein normales Leben war nicht mehr möglich. Und plötzlich stand die Frage im Raum: *Was, wenn wir nicht so viel Zeit miteinander haben können, wie wir dachten?*

Wir alle wollen, dass die Liebe dauert, wenn wir sie einmal gefunden haben. So lange wie möglich soll sie uns begleiten, am liebsten ein Leben lang. Doch nur selten haut es hin mit diesem frommen Wunsch. *Für immer* ist längst zu einem fragilen Versprechen geworden. Wir wissen: Wenn es einer oder einem von uns beiden nicht mehr passt, steht es ihm oder ihr jederzeit frei zu gehen. Wir selbst bestimmen, wie lange und zu welchem Preis wir unsere Beziehungen führen wollen. Doch was, wenn *für immer* nicht mehr allein von uns abhängt? Was, wenn wir noch so wollen, aber einfach nicht können, weil zufällig das *Für immer* der einen das *Bis zur nächsten Gehaltserhöhung* des anderen ist?

Ich bin jetzt 39 – andere Paare in meinem Umfeld fangen gerade erst an, ihre gemeinsame Zukunft zu planen, Familien zu gründen. Was für ein Glück, dass ich bereits Kinder habe und mein Freund niemals welche wollte. Denn unsere Zukunftspläne reichen allerhöchstens bis zur Buchung einer größeren Reise fürs nächste Jahr, und auch da fragen wir uns insgeheim, ob sich das wohl lohnt. Während des letzten Urlaubs bin ich auf der Intensivstation gelandet. Bei mir weiß man nie, was das Herz noch so bringt. Das passiert, wenn man mit mir eine Beziehung eingeht: Man weiß nie irgendetwas. Andererseits: Wann tut man das schon wirklich?

In den letzten Jahren haben wir alle erfahren, dass Sicherheit ein trügerisches Konstrukt ist. Nach Jahrzehnten der gesellschaftlichen Stabilität brachte uns erst eine Pandemie an den Rand des Wahnsinns. Kurz darauf entflammte ein Krieg – nicht irgendwo auf der anderen Seite der Weltkugel, sondern geradewegs vor unserer Haustür, auf europäischem

Territorium. Schon war eine Rezession zur Stelle, bereit, nicht nur Lebensqualität, sondern ganze Ersparnisse zu killen. Die Menschen bunkern ihr Geld, statt es sinnvollerweise in den Wirtschaftskreislauf zurückzugeben, Prepper-Shops machen mit der allgemeinen Angst den Umsatz ihres Lebens. Nichts scheint mehr sicher. Doch vielleicht war es das niemals wirklich. *Alles fließt*, das wissen wir schon seit Heraklit. Wir können nicht davon ausgehen, dass alles bleibt, wie es war. Es wäre geradezu töricht anzunehmen, es könnte sich nicht jederzeit alles ändern. Wir können Versicherungen abschließen und Geldspeicher bauen, wir können Treueversprechen geben und ewige Liebe schwören – am Ende kommt doch alles anders. Wie war das noch? *Leben ist das, was passiert, während du Pläne machst.*

Nie hätte ich gedacht, dass eins meiner Kinder so unerwartet sterben könnte. Also in der Theorie, das ja. Da wissen wir alle, dass es so etwas gibt, irgendwo dort draußen. Aber *in echt*, hier bei mir zu Hause, in meinen Armen … Das war für mich unvorstellbar. Und vielleicht war es das sogar zu Recht. Wozu sollte man sich so etwas vorstellen können? Genauso wenig hätte es in meinen Kopf gepasst, dass ich mich in meinen Dreißigern mit Alte-Leute-Herzproblemen rumschlagen und um mein eigenes Leben bangen würde. Ich, die immer zwei Treppenstufen auf einmal nahm, weil mir nichts im Leben schnell genug gehen konnte. Und meine Ehe, die hatte ich ebenfalls in Gedanken mit dem Prädikat *garantiert* versehen. *Bis dass der Tod euch scheidet,* war zwar nie unser erklärtes Ziel gewesen, aber nach elf Jahren

Beziehung hatten wir uns schon in der Gewissheit eingerichtet, dass es das jetzt sein würde. Dass *wir* es sein würden. Doch es kam alles anders.

»Wenn ich mit Paaren zu tun habe, die ein Kind verloren haben, kann ich sehen, wer demnächst noch zusammen ist und wer nicht«, erzählte mir letztens ein Bestatter. »Und ich sage es mal so: Die meisten sind es nicht.« Aber mein Exmann und ich haben uns weder im Trauerprozess auseinandergelebt noch uns mit gegenseitigen Schuldzuweisungen zermürbt. Nein, wir sind gemeinsam durch den Sumpf aus Schmerz und Ohnmacht gewatet, und wir haben uns dabei in den Armen gehalten, ohne uns auch nur einen Moment loszulassen. Der Verlust hat nur augenscheinlich etwas zwischen uns verändert. Oder sagen wir es so: Er hat Veränderung denkbar gemacht.

Nicht, dass wir sie nicht schon früher durchlebt hätten, die Veränderungen. Vermutlich waren wir sogar das dynamischste Paar, das ich kenne. Innerhalb eines Jahres heirateten wir, zwei Jahre später hatten wir zwei gemeinsame Kinder – zusätzlich zu den beiden, die wir schon aus früheren Beziehungen mitgebracht hatten. Es war niemals still bei uns, und geschlafen wurde auch nicht wirklich. Kein Wunder, dass wir kurz darauf glaubten, zu ersticken. Als wir unsere Beziehung öffneten, bekamen wir beide wieder Luft. Und eine Nähe, die wir nicht für möglich gehalten hatten. In Frage stellten wir uns, wenn es ganz arg wurde, höchstens mal für drei Sekunden. Doch nun müssen wir damit zurechtkommen, dass nichts so geworden ist wie geplant. Plötzlich war da ein neuer Mann an meiner Seite, einer, der mir wichtig und wichtiger wurde. In einem ersten Reflex sahen mein Exmann und ich ihn als Verursacher allen Übels. Aber in Wirklichkeit hatte alles schon viel früher begonnen. So, wie es halt immer ist. Noch nie war es der oder die Neue, der oder die alles zum Einstürzen brachte. Wenn eine Beziehung endet, dann geht es immer um die zwei, die an ihr beteiligt sind. Die Wahrheit ist: Mir fehlte vieles, doch ich hatte keine Ahnung, dass ich es auch bekommen könnte. *So ist das eben in einer Langzeitbeziehung*, erklärte ich mir selbst. Und ich fuhr gut damit; unsere Ehe war stabil, sie war liebevoll und zugewandt. Nur meine zu Dramen neigenden Nebenschauplätze gaben mir Rätsel auf: Warum suchte ich immer wieder nach Quellen des Leids? Erst der warnende Zeigefinger des Schicksals (oder war es vielleicht eher sein Stinkefinger?) versetzte mich in die Lage, mich aus einer langjährigen On-off-Beziehung, die ich neben meiner Ehe geführt hatte, freizukämpfen und mir die Frage zu stellen, warum ich mein halbes Leben lang Unglück mit Zuneigung verwechselt hatte. Sicher habe ich mir selbst genau die Erfahrungen gesucht, die ich für meine Entwicklung gebraucht hatte. Aber in dem Bewusstsein, möglicherweise nicht mehr alle Zeit der Welt für ein gutes Leben zu haben, beschloss ich, mich mit der Entwicklung ein wenig zu beeilen. Um nichts in der Welt wollte ich mein Dasein weiterhin in alles verzehrenden Liebesdramen fristen. Vielleicht hatte ich auch einfach genug Mist für ein ganzes Leben abbekommen. Auf der Suche nach Antworten auf die Frage, warum Liebe für mich immer zum Schlachtfeld werden musste, machte ich reinen Tisch mit den wichtigsten Männern meines Liebeslebens und schrieb darüber ein Buch: *Ex. 20 Jahre, 10 Männer und was alles so schiefgehen kann.* Seitdem ist alles anders. Die Gespräche mit meinen Expartnern haben mich gelehrt, die Verantwortung für meine Beziehungserfahrungen nicht abzugeben. Was wir in unseren Beziehungen erleben, ist nicht *Zufall* oder *Glück* oder eben *Pech*, sondern wird immer von uns selbst mitverursacht und inszeniert. Es sind unsere tagtäglichen Entscheidungen, und ich weiß genauso gut wie Sie, dass sie oft genug fast unmöglich zu treffen sind. Wir haben es in der Hand, in welche Beziehungen wir uns begeben und wie wir sie ausgestalten, und ebenso, in welchen wir bleiben. Schade nur, dass uns diese Entscheidungen oft nicht bewusst sind. Ich war kein Opfer der Umstände, verstand ich, ich war Opfer meiner selbst gewesen.

Heute habe ich nicht mehr viel zu verlieren, bin weicher geworden und offener. Halte weder meine Verletzungen zurück noch meine Zärtlichkeit. Mit Spielchen kann man mich jagen. Und vielleicht das Wichtigste: Ich bin tatsächlich bereit für die Liebe. Mein ganzes Leben hatte sich verändert, Unmögliches war möglich geworden, im Guten wie im Schlechten. Und plötzlich war auch Trennung nicht mehr undenkbar. Sondern sogar sehr real.

Noch immer ist die Erkenntnis, dass sich die Liebe zu meinem Exmann über die Zeit in eine andere Form der Zuneigung verwandelt hat, verdammt hart. Unsere Liebesbeziehung ist zu Ende, die mit meinem Freund wächst gerade heran. Das ist wahnsinnig traurig und wahnsinnig schön zur selben Zeit.

Es gibt keine Garantien, für nichts im Leben. Das zu wissen, ist unglaublich beängstigend. Aber es macht auch frei. Denn es bedeutet nicht nur, dass ungeahnt Großartiges möglich werden kann. Es hindert uns auch daran, mit Gewalt da festzuhalten, wo loslassen nötig ist. Ich weiß nicht, wie lange die Liebe zu meinem neuen Mann halten wird. Lange, hoffen wir, sehr, sehr lange. Im Idealfall so lange, bis wir alt und runzelig und krank sind und beschließen, uns zusammen mit einer Überdosis Ecstasy ins Jenseits zu katapultieren. Aber mit Wünschen und Idealen ist es, wie wir inzwischen wissen, so eine Sache. Und das betrifft genauso unser aller guten alten Freund, den Tod.

»Was ist schon für immer?«, frage ich und lasse meinen Fuß in der Wanne unter den Hintern meines Freundes gleiten. »Alles geht irgendwann zu Ende. Anders geht es nicht.« Die Luft ist schwer und feucht, Wasserperlen verlassen unsere Augen. Für mich ist so etwas leicht zu sagen. Es ist mein Freund, der Angst hat, dass ich sterben könnte, er, der damit zurechtkommen muss, wenn es passiert. Ich bin dann ja aus dem Schneider, weil tot. Aber ich weiß, dass er das kann. Und er weiß das auch.

»Wir haben mit uns und unserer Beziehung so viel mehr bekommen, als wir uns jemals vorstellen konnten«, sagt er. »Damit, dass wir uns überhaupt hatten, haben wir doch schon alles erreicht.«

Jetzt kennen meine Tränen wirklich kein Zurück mehr. Ich lasse sie laufen, Wasser zu Wasser.

Kann schon sein, dass ich kein langes gemeinsames Leben anzubieten habe. Aber ich bin eine Partnerin, die keine Zeit zu verlieren hat. Mit mir wird es kein Taktieren geben, keine halben Sachen, kein *Vielleicht*. Und das ist am Ende viel mehr wert als das vermaledeite *Für immer*.

Wenn nicht jetzt, wann dann?
Arbeit, Geld und Anerkennung

851,73 Euro. Das wird also meine gesetzliche Rente sein, wenn ich bis zum Renteneintrittsalter genauso weitermache wie in den letzten fünf Jahren. So steht es im alljährlichen Brief von der Rentenversicherung, den ich gerade in den Händen halte. Ha, ha, mal gucken, wie weit ich damit komme. Bin ja selbst schuld. Anfangs die viele Elternzeit, dann freiberufliches Herumgestümpere und Arbeiten für den eigenen Mann. Erst in den letzten Jahren habe ich ein für meine Maßstäbe gutes Einkommen erzielen können; vom Schreiben, das weiß jeder, darf man nicht allzu viel erwarten. Und dann ist da ja noch der Deal zwischen meinem heutigen und meinem zukünftigen Ich: Erst kommt das, was wirklich wichtig ist, die Lebensqualität nämlich, und dann die Kohle. Für Probleme in der Zukunft (die Rente etwa) werden sich auch Lösungen in der Zukunft finden. Lieber etwas machen, das sich richtig anfühlt (Zeit mit den Kindern verbringen etwa oder Schreiben), als dem großen Geld hinterherjagen. Das mit dem Jagen erschien mir früher genauso sinnlos wie heute, nur mit einem klitzekleinen Unterschied: Inzwischen wüsste ich ein kleines finanzielles

Polster wirklich sehr zu schätzen. Denn als Freiberuflerin bekomme ich nur Geld, wenn ich liefere. Was für mich niemals ein Problem war: Ich schrieb mit Fieber und mit von Masern übersäten Kindern im Zimmer, weder Kater, Schlafentzug noch Liebeskummer konnten meinem Schreiben etwas anhaben. Nichts konnte es. Bis Edgar starb und mein Herz verrücktspielte.

Auch wenn ich nach den ersten Monaten im Nebel nichts lieber wollte, als so schnell wie möglich weiterzumachen und meine Arbeit, auch eine Art Refugium, zu verteidigen, haben Trauer und Krankheit mich wohl mehr verstümmelt, als ich wahrhaben wollte. Vieles, was ich begann, wollte nicht zu Ende gebracht werden, und was ich beendete, gefiel mir nicht. Ich hatte meinen mir eigenen Bumms eingebüßt, das spürte ich deutlich. Da war keine Kraft mehr für Durchbeißen, Lautsein, Trommeln. Da war nur noch ein Häuflein Elend – ich.

»Es ist besser in einem Taxi als in der Straßenbahn zu weinen« – mit diesen schönen Worten von Marcel Reich-Ranicki zweigte mir eine Freundin einen Teil ihres Honorars ab. Meine Mutter schob mir immer wieder unauffällig Geld aufs Konto. Mein Freund übernahm Urlaube und Restaurantbesuche. Auch wenn ich in ein von liebenden Menschen ausgebreitetes weiches Netz fiel, das die Brutalität des Schicksals abfederte, fühlte ich mich von ihm noch ein weiteres Mal betrogen: Erst mein Kind, dann meine Gesundheit und jetzt auch noch meine Lebensgrundlage. Danke für nichts, du Arsch. Im ersten Jahr nach der Katastrophe wartete ich noch auf eine Art kosmischen Ausgleich. Fast abergläubisch war ich davon überzeugt, dass nach der ganzen Scheiße, die passiert war, etwas Gutes kommen müsste. Ein Haufen Geld, zum Beispiel. Aber das Gegenteil war der Fall.

Solange ich mir nicht beide Hände breche, kein Problem, hatte ich immer gesagt. Dass ich mir mein Herz brechen könnte, damit hatte ich nicht gerechnet. Nur langsam fange ich an, zu begreifen, was ich von mir verlangt hatte. Heute, zweieinhalb Jahre später, schaue ich zurück und frage mich, warum ich mich nicht einfach ausgeruht habe. *Ich schaffe das!*, war mein Credo, und vielleicht war das alles auch gar nicht anders auszuhalten. Denn auch wenn ich kaum was verdient habe in dieser Zeit, bin ich doch nicht ganz so tief im Elend versunken, wie es mir möglich gewesen wäre. *Don't cry – work!*, ist so brachial wie wahr für mich (jedenfalls nachdem ich mich so richtig ausgeweint habe).

Noch immer glaube ich, dass ich von der Kunst, dem Schreiben, leben kann, auch langfristig. Vielleicht werde ich ja nicht wirklich auf meine Rente angewiesen sein, denn körperliche Fitness ist ja wohl das Letzte, was man fürs Schreiben braucht. Es gilt wie seit jeher: *Solange ich mir nicht beide Hände breche …* Doch klar, manchmal frage ich mich, ob ich vielleicht zu naiv bin. Ist es nicht leicht, auf zukünftige Erfolge zu hoffen, wenn man noch jung ist? Also sofern sich neununddreißig überhaupt als jung bezeichnen lässt. Sind wir noch knackig und im Saft, lauert der Durchbruch, die Karriere, das große Geld gefühlt hinter jeder Tür, alles kann jederzeit passieren. Die Zukunft liegt vor uns wie eine prall gefüllte Wundertüte. Doch je älter wir werden, je leerer die Tüte wird und je mehr Nieten wir aus ihr herausgefischt haben, desto klarer steht uns vor Augen, dass da vielleicht gar nicht mehr allzu viel kommen wird. Wenn wir es bis hierher nicht geschafft haben, dann wird es vermutlich auch in Zukunft nichts mehr. Da können uns selbst Ausnahmen wie Ingrid Noll nicht täuschen. Die hypererfolgreiche Krimiautorin gelangte erst in vergleichsweise hohem Alter zu ihrem Ruhm – allerdings fing sie auch erst an zu schreiben, als ihre Kinder erwachsen und aus dem Haus waren. Sie hatte nichts zu verlieren und es erst recht nicht materiell nötig, mit ihren Büchern auf irgendeine Bestsellerliste dieser Welt zu gelangen. Alles, was für sie auf dem Spiel stand, war ihre Eitelkeit – und vielleicht nicht einmal die, denn als eitel kann man Ingrid Noll, aus der Ferne zumindest, nun wirklich nicht bezeichnen.

Sind meine Nächte schlaflos, fange ich manchmal an, über eine Festanstellung zu fantasieren. Über Geld, das jeden Monat pünktlich auf mein Konto kommt. Über krank sein dürfen ohne Sorge um die Miete. Über Rente, die keines Aufstockens bedarf. »Auf keinen Fall!«, sagt mein Exmann dann immer. »Wer soll all die tollen Bücher schreiben, wenn du für wen anderes arbeitest?« Auch nach unserer Trennung ist er für mich die erste Ansprechperson in Arbeits- und Sinnkrisen geblieben. Schließlich war er derjenige, der mich damals mit seinem stetigen *Mach doch einfach!* zum Schreiben gebracht hat und der bereit war, dafür beruflich kürzerzutreten.

Auf dem Weg zur sogenannten Selbstverwirklichung muss man bereit sein, mit wenig auszukommen, sowohl finanziell als auch was die Aussicht auf Erfolg angeht. Denn wer weiß schon so genau, ob wir uns in Wirklichkeit nicht hoffnungslos selbst überschätzen? Ob wir nicht einfach nur substanzlos vor uns hinträumen? »Ich wünschte, ich könnte dir etwas anderes sagen, aber wir können nicht alles werden, was wir wollen«, schreibt Anastasia Umrik in *Du bist in einer Krise. Herzlichen Glückwunsch, jetzt wird alles gut*. »Für manches sind wir zu alt, zu ungebildet, zu unbegabt, zu arm und manchmal auch zu behindert. [...] Aber: Es ist okay, wenn nicht alles möglich ist. Wir müssen nicht jeden Traum realisieren, um glücklich zu sein. Nicht jedes unserer Talente muss erfolgreich umgesetzt werden, nicht jede Leidenschaft Reichtum und Ruhm bringen.« Umrik weiß, wovon sie spricht. Wegen Muskelschwund sitzt sie seit ihrer Kindheit im Rollstuhl, bewegen kann sie nur ihre Finger und ihre Gesichtsmuskeln. Da gibt es verdammt vieles, was für sie nicht möglich ist. Viel mehr vermutlich als für Sie und mich.

Ich hatte nicht nur Glück, dass ich einen Mann an meiner Seite hatte, der mich in allem, was ich tat, unterstützte. Ich hatte auch das Glück, auf der richtigen Seite der Erde geboren zu sein, und zwar in einem nicht behinderten, weißen Körper als Kind einer Ärztin und eines Dolmetschers. Weder für den Besuch des Gymnasiums noch für mein Studium musste ich kämpfen, das war alles selbstverständlich. Noch weniger als meine von Genen festgelegte Hartnäckigkeit und meine von vorhergehenden Erfahrungen bestimmte Partnerwahl lagen diese Dinge in meiner Macht. Das Schicksal hat sie mir einfach zugespielt, genauso, wie es jedem und jeder von uns Grenzen und Möglichkeiten auferlegt, den einen mehr hiervon, den anderen mehr davon. Ist das fair? Ganz und gar nicht. Können wir etwas dagegen tun? Stand heute: nein. Alles, was uns bleibt, ist, die Grenzen, die uns gesetzt sind, zu akzeptieren und die Möglichkeiten, die wir trotzdem haben, auszureizen. Vielleicht können wir nicht zum Mond fliegen, aber uns dafür auf Sterne-Niveau emporkochen. Möglicherweise wird es nie für das Penthouse in Tokio reichen, für einen eigenen Laden in Duisburg aber schon. Scheiß drauf, wenn keine Tech-Milliarden für uns abfallen! Statt zu coden, wollen wir vielleicht eh lieber mit Menschen arbeiten. Und selbst wenn wir in einem Rollstuhl sitzen, gibt es immer noch genug Dinge, die uns erfüllen können, wie Umrik an ihrem eigenen Beispiel zeigt. Ohnehin: So viele Träume von einem *gelungenen Leben* sind nicht unsere Träume, sondern Ideale, die uns irgendwann einmal geprägt haben. Da gilt es, vorsichtig zu sein. Denn wenn es nicht unsere Ziele sind, die wir verfolgen, werden wir niemals glücklich, egal, wie viele von ihnen wir auch erreichen.

Wenn es ums Möglichmachen von etwas Unmöglichem geht, um die Mobilisierung aller vorhandenen Kräfte, muss ich immer wieder an die unglaubliche Geschichte von Wolfgang Herrndorfs *Tschick* denken. Jahrelang lag das angefangene Manuskript in seiner Schublade, schreibt Tobias Rüther in *Herrndorf. Eine Biographie*. Doch erst mit der Diagnose

Glioblastom, der aggressivsten bekannten Hirntumorart, fing er an, wie besessen an ihm zu arbeiten. Wenigstens ein Buch wollte er noch fertigstellen, bevor er starb. Am Ende wurden es sogar zwei. Mit *Tschick* aber, das über ein Jahr auf der Bestsellerliste stand, gelang ihm ein beispielloser Durchbruch; ihm, dessen Werke bislang kaum Beachtung genossen hatten; ihm, der wohl kaum von seinem Schreiben leben konnte. Vielen drängte sich die Frage auf: Hätte es diesen Erfolg ohne die infame Diagnose überhaupt gegeben? Schließlich ist das Werk eines todkranken Schriftstellers spannender als das eines kerngesunden; so funktioniert nun einmal unsere Aufmerksamkeitsökonomie. Ich hingegen frage mich vielmehr: Hatte Herrndorf das Damoklesschwert des Todes gebraucht, um dieses Meisterwerk von einem Roman zu schreiben? Und was bedeutet das für mich, für uns alle? Brauchen wir derartige Arschtritte, um unser volles Potenzial ausschöpfen zu können? *Krebs als Chance*, *Neubeginn dank multipler Sklerose* oder auch nur *Alles anders seit dem Burn-out* – solche Geschichten hören und lesen wir andauernd irgendwo. Aber warum muss es bei so vielen Menschen erst zu einer handfesten Bedrohung kommen, damit sie sich endlich ernsthaft um ein gutes Leben bemühen und begreifen, dass es keine gute Idee ist, damit erst irgendwann anzufangen? Als ich Klara bei einem Tee von meinen Überlegungen erzähle, fragt sie zurück: »Glaubst du nicht, dass den Menschen ihr Leben sinnlos vorkommen würde, wenn sie anfangen, wirklich an den Tod zu denken?« Schon klar: Wofür sich abrackern, wenn es eh jederzeit vorbei sein könnte? Ludwig Feuerbach hatte hundert Jahre vor Klara ganz ähnliche Gedanken: »[...] wir können überhaupt nichts unternehmen, ohne die Vorstellung der Dauer damit zu verbinden«, schreibt er in *Die Unsterblichkeitsfrage vom Standpunkt der Anthropologie.* »Wenn ich den möglichen Fall, dass das Haus, das ich heute aufbaue, morgen einstürzt oder ein Raub der Flammen wird, mir als wirklich denke, so vergeht mir die Baulust. Wenn ich denke, ich werfe die Kunst oder Wissenschaft, die ich jetzt treibe, einst zum Teufel, so bin ich ein Tor, wenn ich sie nicht jetzt schon wegwerfe; ja, ich kann sie gar nicht treiben, wenigstens mit Eifer und Erfolg, wenn ich nicht denke, daß ich ihr nie untreu werde. Alles, auch das Endlichste, treibt der Mensch im Sinne der Unendlichkeit.« Doch bei Weitem nicht nur ich würde Klara und Feuerbach hier widersprechen. Der Sinn liegt gerade nicht in der Dauerhaftigkeit unseres Lebens. Sondern entsteht erst, weil wir gezwungen sind, uns zu fragen, wie wir unsere Zeit nutzen wollen. Mit dieser Angelegenheit haben sich schon die Philosophen der Antike beschäftigt – denken Sie bloß nicht, Ratgeberliteratur sei eine Erfindung der Neuzeit! Die alten Herren waren ganz versessen darauf, allem und jedem ganz genau mitzuteilen, was sie für ein gutes, sinnhaftes Leben halten. Zugegeben, ein paar kluge Gedanken sind schon dabei rumgekommen. Vor allem Seneca hat es mir angetan. In seiner Position als Hauslehrer und später dann Berater des grausamen Nero konnte ihn ein blödes Gerücht oder eine Intrige jederzeit das Leben kosten – was am Ende dann auch geschah. Aus genau diesem Grund bereitete er sich stets auf schlechte Zeiten vor: In seinem Haus hatte er ein kleines Zimmer, in dem er hin und wieder auf Stroh gebettet und bei Wasser und Brot nächtigte. An Derartiges gewöhnt, müsse man niemals Angst vor dem eigenen Niedergang haben, fand er. Mein Opa mütterlicherseits, Ingenieur bei der sowjetischen Luftwaffe, machte es im Kalten Krieg nicht anders: Für ihn gab es kein Rasierwasser, keinen Kaffee, keine weiche Matratze, ja, nicht einmal Ausschlafen am Wochenende. Falls ein Krieg ausbrechen sollte, wollte er sich nicht diesen ganzen den Menschen verweichlichenden Luxus erst austreiben müssen.

In dem permanenten Bewusstsein seiner Sterblichkeit fand Seneca eine Antwort auf die Angst vor dem Tod: Statt uns auf die Quantität zu konzentrieren, sollten wir uns vielmehr der Qualität unseres Lebens zuwenden. Was nützt uns ein unendlich langes Leben, wenn wir doch nur die ganze Zeit herumsitzen und jammern? Wohingegen ein kurzes, aber ausgefülltes Leben Senecas griechischem Kollegen Epikur ebenfalls erstrebenswert erscheint: »Wie [der Weise] als Speise nicht in jedem Fall die größere, sondern die am meisten lustspendende vorzieht, so schöpft er auch nicht eine möglichst lange, sondern eine möglichst lustspendende Zeit aus.« Auch Psychoanalytiker Yalom beobachtet, dass es vor allem das Zurückbleiben hinter den eigenen Möglichkeiten und Wünschen ist, das uns unglücklich macht. Ja, sogar mehr noch: »[…] je geringer die Zufriedenheit im Leben, desto größer die Todesfurcht; je mehr man es versäumt, sein Leben voll auszuleben, desto mehr wird man den Tod fürchten.« Darum rät er seinen Klientinnen und Klienten auch, sich regelmäßig ein bis fünf Jahre in die Zukunft zu versetzen und sich zu fragen: »Wie können Sie hier und heute leben, ohne neues Bedauern aufzubauen? Was müssten Sie in ihrem Leben ändern?«

Außerdem, würden wir wirklich alles geben, wüssten wir, uns steht die Unendlichkeit zur Verfügung? Schließlich gäbe es immer eine plausible Rechtfertigung für ein *Irgendwann einmal*. Auch Feuerbach sieht die Ewigkeit kritisch: »Wir machen es mit unserer Lebenszeit wie der Geizhals, der, während er in Wirklichkeit die Kästen voll Geld, in seiner Vorstellung doch nichts hat; denn die Vorstellung ist unbeschränkt; in der Vorstellung kann ich immer noch mehr haben, als ich in Wirklichkeit habe; die Wirklichkeit bleibt immer hinter ihr zurück. So ist auch das wirkliche Leben immer kurz, gegen die Vorstellung gehalten, wir können es uns unbegrenzt denken; wir vergessen über dem Möglichen das Wirkliche.« Darum, so schlussfolgert er, würde der Mensch mit der Unsterblichkeit auch nichts gewinnen. Alles, was er schon erreicht habe, alles, was schon gewesen wäre, wäre nichts im Vergleich zu dem, was in der Theorie noch kommen könnte. Willkommen im Fegefeuer der ewigen Unzufriedenheit! »Unsterblichkeit, so meine ich, oder ein Zustand ohne Tod wäre sinnlos«, konstatiert auch Bernard Williams, »es ist also in gewissem Maße der Tod, der dem Leben Sinn gibt.« Was genau dieser *Sinn* für uns beinhaltet, das müssen wir aber schon selbst herausfinden. Die Verantwortung dafür liegt ganz bei uns.

Und wo wir gerade von Verantwortung sprechen: Ab jetzt wird jeden Monat Geld für Puffer und Rente beiseitegelegt, das verspreche ich mir selbst hoch und heilig. Soll mir nicht noch mal so einfach passieren können, das mit der Pleite. Weiß der Teufel, ob ich die Siebenundsechzig noch erleben werde. Aber leben, als gäbe es kein Morgen, ist vielleicht auch nicht die beste Option.

Das letzte Hemd

Was will ich hinterlassen?

»Wirklich, Sie haben weder Vorsorgevollmacht noch Patientenverfügung?« Der Kardiologe sieht mich an, als hätte ich gerade angekündigt, mir gleich höchstpersönlich mit der Schrotflinte die Birne wegzupusten, und setzt mit aller ihm zur Verfügung stehenden medizinischen Autorität hinzu: »Bei Ihrer Diagnose würde ich das aber dringend empfehlen.«

Ich gebe zu, ich hätte mir mehr Gedanken machen können. Seit ich von meiner Herzerkrankung weiß, denke ich zwar täglich daran, dass ich plötzlich sterben könnte, aber die Frage, was mein (drohender) Tod jenseits von Trauer und Schmerz für meine Lieben bedeuten könnte, stellte ich mir nicht. Nun sitze ich beim Aufnahmegespräch für eine Operation in einem der besten Herzzentren des Landes, die hier zwar Routine, aber eben nicht immer komplikationslos ist, und erstelle plötzlich in meinem Kopf eine Liste mit all den vor einem möglichen Ableben zu erledigenden Aufgaben. Doch wie zum Henker bereitet man sich optimal auf den Tod vor? Es ist ja nicht so, dass die meisten von uns Übung darin hätten. Klar denkt man mit achtundsiebzig schon mal darüber nach, wer denn jetzt das Sparbuch oder das Häuschen erben soll. Aber mit neununddreißig, dem Alter, in dem ich jetzt bin, ist das Thema Jenseits so weit weg wie der Einsatz einer künstlichen Hüfte. Passiert irgendwelchen anderen. Doch ob krank oder nicht, der berühmte Ziegelstein, der vom Himmel fällt, kann uns alle treffen.

Einige Wochen später sitze ich tatsächlich wieder auf dem heimischen Sofa, körperlich zwar noch geschwächt, aber was mein Präparationsvorhaben angeht, voller Tatendrang. Als Allererstes schreibe ich Briefe an meine Kinder. Keine Abschiedsbriefe, wie man sie einer Sterbenden in die Schuhe schieben würde, keine Lebensweisheiten, die sie bitte schön bedenken sollen, sondern eher kleine *pep talks.* Seit ihrer Geburt sage ich ihnen jeden Tag, wie sehr ich sie liebe und was für großartige Menschen sie sind. Und sicher, sie werden sich an meine Worte erinnern. Aber Erinnerungen verblassen mit der Zeit. An so einem Brief hingegen kann man sich ewig festhalten. Und das Beste: Er wird niemals seine Gültigkeit verlieren. Selbst wenn ich erst in fünfzig Jahren sterben sollte, wird er Zeugnis meiner heutigen Liebe sein. Und wer weiß, vielleicht bekommt er über die Jahre ja noch kleine Brüder und Schwestern, Zeugnisse einer sich verändernden Liebe oder sagen wir eher: von sich verändernden Umständen. Mit fünfundzwanzig hat man schließlich andere Sorgen als mit fünfzehn. Zum Beispiel braucht man vermutlich dringend Kohle – was mich zu meinem Testament bringt. Ich habe nämlich keins, genau wie etwa sechzig Prozent aller Deutschen.

Wofür sollte ich auch? Ich habe doch nichts. Da ist kein Erspartes, Angelegtes, Investiertes; was verdient wird, wird verbraucht. Vermögen hat es in meiner aus Russland immigrierten Familie nie gegeben, und so wird auch mein eigenes Erbe recht prosaisch ausfallen. Testamente werden bei uns nicht geschrieben, es ist eh nicht viel da, worum man sich streiten könnte. Als meine Oma väterlicherseits starb, ging fast ihr ganzes Geld für die Beerdigung drauf; die paar Hunnis, die übrig waren, wurden fair unter den drei Kindern verteilt. Wer es nötig hatte – ich vor allem –, bekam was vom Hausstand ab. Noch heute, siebzehn Jahre später, esse ich mit Omas Besteck und trockne mein Geschirr mit ihren eigenhändig bestickten Küchenhandtüchern ab, die sie vor Jahren in einem Koffer von Sibirien nach Deutschland brachte. Vielleicht ist das ein Arme-Leute-Ding, Geld mit warmen Händen zu verteilen, statt es sich fürs Jenseits aufzusparen. Als meine Eltern ein Haus kauften, war das Ersparte meiner Oma ganz selbstverständlich Teil des Eigenkapitals. Mein Vater verdiente nun mal nicht so gut im Gegensatz zu seinen Geschwistern. Wenn meine deutschen Freundinnen und Freunde dagegen Geld für eine größere Anschaffung von ihren wohlhabenden Eltern erbitten, dann nur zu dem gerade gängigen Zinssatz, der Gerechtigkeit halber den anderen Geschwistern gegenüber. Eine Gerechtigkeit, die ich nie verstanden habe. Selbst wenn man aus derselben Familie kommt, hat man eben nicht automatisch die gleichen Voraussetzungen. Vielleicht hat einer ein bisschen mehr Pech gehabt als die andere, eine Krankheit durchlebt, viele Kinder bekommen oder einfach nur schlechte Entscheidungen getroffen. Was ist da schon *gerecht*? Außerdem: Geld verleihen an die eigenen Kinder und dann auch noch gegen Zinsen? Du meine Güte, gebt es denen doch einfach, wenn ihr es habt! Oder habt ihr noch was vor damit? Es ist ja nicht so, als ob wir irgendetwas mitnehmen könnten. Genauso wenig erschließen sich mir Gedanken darüber, was mit dem eigenen Besitz passieren wird, in meinem Fall: dem Goldrand-Porzellan, der Biedermeier-Kommode oder der Fotografie, die mir eine befreundete Künstlerin geschenkt hat. Es soll ja Menschen geben, die ihren Kindern dafür im Voraus zürnen, dass sie nach ihrem Tod ihr Haus nach ihren Vorstellungen und Bedürfnissen umbauen oder, Gott behüte, sogar verkaufen werden. Was kümmern uns irdische Anhaftungen, wenn wir nicht mehr sind? Als wenn wir von anderen erwarten könnten, dass sie dem, was wir mal geliebt haben, die gleichen Sentimentalitäten entgegenbringen wie wir. Ein Glück, dass meine Mutter, aufgewachsen in der klassen- und besitzlosen Gesellschaft der Sowjetunion, da ganz pragmatisch ist: Die kleine Eigentumswohnung, in der sie seit ein paar Jahren lebt, ist zwar noch nicht abbezahlt, eines fernen Tages könnte sie meinem Bruder und mir allerdings als Notgroschen dienen. Aber ob ich das überhaupt erlebe? Besser, ich konzentriere mich auf das, was heute in meinem Besitz und von Wert ist (über meine Handtücher werden sich meine Erbinnen schon einig, da bin ich mir sicher). Denn dass ich *gar nichts* habe, stellt sich bei genauem Hinsehen als kompletter Blödsinn heraus.

Da sind zum Beispiel ein paar Tausend Euro auf meinem Konto. Gut, in den kommenden Monaten werden sie sich langsam, aber stetig in Luft auflösen. Doch es kommt, so Gott will, ja auch wieder neues Geld nach, ab und zu sogar ein Batzen Buchtantiemen. Da ist mein Schmuck, jetzt nichts von Tiffany, und eine Rolex befindet sich zu meinem großen Bedauern auch nicht in meinem Besitz. Aber einige hübsche Klunkerchen habe ich schon zusammengetragen über die Zeit. Und dann ist da noch mein Anteil an unserer Wohnung, die mein Exmann und ich gekauft haben. Die werden wir zwar noch drei Jahrzehnte abbezahlen müssen, aber ein bisschen mehr als die Schulden ist sie jetzt schon wert.

Apropos Ex: Eigentlich sind wir gerade auf dem Weg der Entpaarung, geschieden sind wir aber noch nicht. Da wir keinen Ehevertrag haben, würde die gesetzliche Erbregelung vorsehen, dass er die Hälfte meiner Vermögenswerte erbt und die andere Hälfte unter den Kindern aufgeteilt wird. Jedenfalls wenn es kein Testament gibt, das etwas anderes verfügt. Ich gönne ihm alles Geld der Welt, und am Ende würden die Kinder ja doch wieder von ihm erben. Dennoch fühle ich mich wohler, wenn sie meinen Anteil ohne Umweg bekommen. Also direkt mal aufschreiben (handschriftlich übrigens, sonst kann man sich das Papier gleich sparen): Alles Geld nach Abzug der Beerdigungskosten bitte unter den Kindern aufteilen, da bin ich ganz wie meine Oma. Meinen Anteil an der Wohnung auch. Schmuck wird nach Sympathie und Wert an die Mädels verteilt, bis auf die Stücke, die mir mein Freund geschenkt hat. Die kann er auf dem Grund irgendeines Meeres versenken, falls ihm nach einer romantischen Geste zumute sein sollte. Unterschrift drunter, fertig. Beruhigender Gedanke: Nichts ist für die Ewigkeit. Kann ich mir ja irgendwann noch mal vornehmen, das Stück, falls ich meine Meinung ändern sollte. Kurz muss ich daran denken, wie mein Exmann vor ein paar Jahren feststellte, dass seine Lebensversicherung noch auf seine erste Frau lief. Er hatte einfach vergessen, die Begünstigte zu ändern. Und falls er gerade da gestorben wäre … Es lohnt sich also, derart wichtige Dokumente ab und zu einer Revision zu unterziehen. Und dabei jedes Mal ein bisschen sterben zu lernen.

Bleiben nur noch Patientenverfügung und Vorsorgevollmacht. Für die öffnen mein Freund und ich eine Flasche Rotwein, nachdem die Kinder schlafen gegangen sind. »Eigentlich sollte jeder Mensch diese Papiere unterschrieben haben, das hat mit Krankheit nichts zu tun. Was, wenn ein Unfall passiert?«, gab mir der Arzt im Herzzentrum mit auf den Weg. Dann läge alles in den Händen der nächsten Verwandten, und das ginge erfahrungsgemäß nicht immer gut. In meinem Fall müssten sich laut Gesetz mein Noch-Mann und meine Eltern über einen Haufen Fragen einig werden. Und mein Freund käme in der Entscheidungs-Crew nicht einmal mit dem linken Ohrläppchen vor. Ich sage es mal so: Diesen Aufruhr will niemand miterleben. Und vermachen will ich ihn erst recht niemandem. Also drucke ich alle erforderlichen Formulare aus und stapele sie auf dem Couchtisch.

Die Patientenverfügung ist eine harte Nummer. Wann sollen die Maschinen abgeschaltet werden? Wie viel Zwangsernährung ist okay? Ich kreuze so wenig lebenserhaltende Maßnahmen an wie nur möglich, durchzusetzen von meinem Freund. Er nimmt einen großen Schluck Wein und setzt seine Unterschrift drunter. Mein Leben liegt jetzt sozusagen in seinen Händen. Kurz frage ich mich, ob das die richtige Entscheidung ist, schließlich sind wir erst seit anderthalb Jahren ein Paar. Sollte man sich da schon so viel anvertrauen? Sollte nicht lieber meine Mutter …? Nein. Außerdem gibt es in der Anlage immer noch Platz für Änderungswünsche und Aktualisierungen. Für den Fall der Fälle.

Zum Glück sind die Fragen der Vorsorgevollmacht ein Witz gegen das seitenlange Auskosten aller Formen und Farben des Stöpselziehens der Patientenverfügung. Wer darf meine Person vor Gericht vertreten, mich in einer Anstalt unterbringen, mein Vermögen verwalten, sollte ich das nicht mehr können? Keine Frage, mein Freund natürlich. Fast erleichtert setze ich seinen Namen in die entsprechenden Felder. Jetzt ist alles geregelt.

Natürlich könnte ich noch viel, viel mehr tun. Es gibt Menschen, die bereiten ihre komplette Beerdigung vor. Legen Blumendeko, Playlist und Aggregatzustand fest, in dem sie die Ewigkeit antreten wollen. Ich hingegen habe beschlossen, diese Entscheidungen meinen Hinterbliebenen zu überlassen. Was kümmert mich meine Beerdigung, wenn ich tot bin? Ich merke doch dann eh nichts mehr. Sollen lieber die, die mich lieben, daraus das Fest machen, das ihnen guttut. Ob sie nun *Don't Stop Me Now* in Endlosschleife laufen und neunundneunzig rote Luftballons gen Himmel steigen lassen oder in elegantem Schwarz und umgeben von weißen Lilien leise vor sich hin leiden wollen – meine Eitelkeit wird sie garantiert nicht daran hindern.

Zum Schluss packe ich alles in eine hübsche bunte Schachtel. Irgendwann habe ich in ihr ein dreiteiliges Set Sex-Toys geschickt bekommen (Frauen, die beruflich über Sex schreiben, passiert so was hin und wieder). Jetzt lagert mein Vermächtnis darin. Gänzlich unpassend finde ich das nicht. Es hat mich nur ein paar Abende gekostet, sie zu befüllen, und ich bin unfassbar erleichtert, das endlich hinter mir zu haben. Doch wenn ich es mir so überlege, kann man das, was in dieser Schachtel lagert, gar nicht als mein *Vermächtnis* bezeichnen. Mein wahrer Nachlass sind meine Kinder. Natürlich halte ich sie, seit ich von ihrer Existenz weiß, für das größte Wunder dieser Erde. Alle Eltern tun das. »Schaut, was ich Tolles gemacht habe!«, rufen sie der Welt entgegen, wenn sie sich erfolgreich fortgepflanzt haben. Dabei hatten sie einfach nur Sex, ein Kunststück ist das wahrlich nicht. Was hat es mit dem elterlichen Stolz nur auf sich? Ist es das archaische Gefühl, den von der Biologie vorgesehenen Zweck erfüllt zu haben? Ein Programm zum Schutz des eigenen Nachwuchses durch vollkommene Idealisierung? Es gibt Eltern, die identifizieren sich so stark mit ihren Kindern, dass sie deren Leben zu ihrem eigenen machen. Mir hingegen lag nichts jemals ferner, als meine Kinder als *Mini-Mes* zu betrachten. Sie sind vollkommen eigenständige Menschen mit Charakterzügen, Vorlieben, Entscheidungen, die allein ihnen gehören. Meine Aufgabe ist nicht, ihnen meine Meinung darüber aufzuzwingen, was richtig oder falsch ist. Meine Aufgabe ist, sie dabei zu begleiten, ihre eigene Wahrheit zu finden. Ich hinterlasse dieser Welt zwei wunderschöne Menschen, die ganz anders sind als ich und dabei ganz genau richtig. Nur zu gerne hätte ich drei draus gemacht, aber das ist mir nun mal nicht gelungen. Und wenn ich gar kein Kind gehabt hätte? Was soll's. Dann wären da immer noch meine Texte. Vielleicht habe ich insgeheim ein bisschen was von Horaz, der sich fest vorgenommen hatte, über seine Poesie Unsterblichkeit zu erlangen. Und was soll man sagen? Es ist ihm gelungen: Noch über zweitausend Jahre später kennt man seinen Namen. Und es ist ja nicht nur Dichtkunst, durch die die Menschen sich verewigen wollen (obwohl durch die besonders: Ich kenne kaum jemanden, der oder die nicht davon geträumt hat, eines Tages ein Buch zu schreiben). Anhäufung von Wohlstand, Streben nach Macht und Ehre, ja sogar exzessive Religiosität sind laut Epikur ebenfalls verzweifelte Versuche, die eigenen Todesängste zu tarnen und Unsterblichkeit zu erlangen. Diese treffsichere Analyse äußerte er übrigens zu einer Zeit, in der die Idee vom Unbewussten noch Jahrtausende weit entfernt lag. Ich würde sagen, da hatte jemand einen verdammt guten Riecher.

Und dann gibt es im Gegensatz dazu auch Leistungen Einzelner, die das ganze Weltgeschehen positiv beeinflussen. Denken wir zum Beispiel an die Freundschaft von Konrad Adenauer und Charles de Gaulle, die den Grundstein für ein friedliches Europa legte. Ganz sicher haben diese beiden nicht an ihre persönliche Unsterblichkeit gedacht. Und doch haben sie etwas kreiert, das größer ist als sie selbst.

Aber zurück zu uns. Bedauerlicherweise ist nicht jede und jeder von uns ein Horaz oder ein Adenauer, und ich bin es schon mal gar nicht. Überhaupt, jeder Nachruhm geht irgendwann zu Ende, allerspätestens dann, wenn die Menschheit der Klimakatastrophe oder irgendeiner anderen Art der Apokalypse zum Opfer gefallen ist. Darum sagt der nicht gerade für kreative Untätigkeit bekannte Woody Allen ja auch: »Ich möchte nicht durch meine Arbeit unsterblich werden. Ich möchte unsterblich werden, indem ich nicht sterbe.« Und eigentlich ist es sowieso bescheuert, im Gedächtnis bleiben zu wollen. Was hätten wir schon davon, wenn wir eh nicht mehr auf dieser Erde weilen? Wir sind nicht erst dann tot, wenn sich niemand mehr an uns erinnert. Wir sind tot, wenn wir unseren letzten Atemzug getan haben oder ein paar Minuten später. Alles andere ist Augenwischerei.

Trotzdem mögen manche sich wie Yalom mit dem sogenannten *Welleneffekt* trösten: Nichts, was wir tun, bleibt ohne Folge. Jedes Wort, das wir sprechen, hallt in jemand anderem wider, jede unserer Handlungen stößt etwas an. Wir können gar nicht anders, als unsere Spur in der Welt zu hinterlassen, und ob wir Kinder bekommen, Gedichte schreiben oder Wolkenkratzer bauen, ist dabei nicht wichtig. Für unsere Wellen müssen wir weder Formulare ausfüllen noch Schönschrift üben. Sie sind einfach da, ganz ohne unser aktives Zutun. Wir waren hier. Und das allein ist genug.

Das Lied vom Tod

Kinder und das Unausweichliche

»Mama, geht's dir gut?« Meine jüngere Tochter hockt neben mir auf dem Fußboden, hält meine Hände fest in ihren. Ich bin gerade die Treppe raufgekommen, mein Herz feuert wie ein Maschinengewehr, zweihundertzwanzig Schuss die Minute. Entweder beruhigt es sich gleich, oder mein Defibrillator gibt einen Schock ab. Ich kenne das schon, zweimal ist es seit der Implantation vor einem Jahr bereits passiert. Trotzdem erschrecke ich, als der Schlag kommt. Mein Körper krampft vor Schmerz, meinem Mund entfährt ein leiser Schrei. Ich will dem Menschlein, das so sorgsam meine Hände hält, auf keinen Fall Angst machen. Trotzdem schießen ihm Tränen in die Augen. »Alles gut«, krächze ich. »Jetzt ist alles wieder gut.« Mein Herz schlägt normal, die gefährliche Rhythmusstörung ist weggeschockt. Fürs Erste jedenfalls.

Mein Leben bleibt eine Unwägbarkeit. Und mit dieser Tatsache muss nicht nur ich selbst zurechtkommen, nicht nur mein Freund, mein Exmann, meine Eltern und Geschwister. Sondern vor allen anderen meine Töchter. Vor knapp drei Jahren starb ihr kleiner Bruder buchstäblich über Nacht. So eine Erfahrung durchdringt einen Menschen für das ganze Leben – und noch viel tiefer, wenn er klein ist. Und natürlich bleibt da Angst. Angst, dass sich so etwas jederzeit wiederholen könnte.

Schlapp und ausgelutscht liege ich auf dem Sofa, muss mich ausruhen, so ein Stromschlag ist nicht ohne. Meine Tochter rutscht auf dem Rand herum, ist sich unsicher, ob sie noch näher kommen darf. Wie umarmt man eine Mutter, durch deren Körper gerade achtzig Joule gejagt wurden? Vorsicht ist unsere alltägliche Begleiterin. Ständig muss man auf mich Rücksicht nehmen, langsamer laufen, als man es selbst für angemessen hält, mir die Einkaufstaschen hochtragen, warten, bis mein Herz sich beruhigt. Dazu noch die ganzen Krankenhausaufenthalte, Operationen, Praxisbesuche – meine Töchter können nicht anders, als sich um mich zu sorgen.

Eine unbeschwerte Kindheit, das ist, was Eltern ihren Kindern bieten wollen. Eine Zeit, in der Mütter, Väter oder andere erwachsene Bezugspersonen Verantwortung für sie tragen, nicht andersherum. Ich hasse es, wenn ich spüre, wie sich diese Rollen bei uns wie von selbst vertauschen und meine Kinder anfangen, mehr auf mein Wohlbefinden zu achten als auf ihr eigenes. Und doch kann ich kaum etwas dagegen tun. Meine Erkrankung wird in unserem Leben immer einen viel zu großen Raum einnehmen, genauso wie Edgars Tod. Nur eine einzige Form des Widerstands bleibt uns: darüber reden.

Dass der medizinische Aspekt dabei nicht zu kurz kommen darf – geschenkt. Wir snacken Herzrhythmusstörungen, EKGs und Operationsmethoden schon zum Frühstücksmüsli. Wissen ist Macht, und Macht gibt das Gefühl von Kontrolle. Was auch immer passiert: Wenn man es erklären kann, ist es nur noch halb so bedrohlich. Doch wenn ich *darüber reden* sage, dann meine ich sehr viel mehr als nur die physiologischen und medizinischen Prozesse. Es geht um ihren Endgegner, den einen, dem wir alle eines Tages ins Auge blicken müssen. Es geht um den Tod.

Als ich meine Diagnose bekam, hatten die Kinder schon so viele Schockmomente hinter sich, dass es uns alle eher erleichterte als erschreckte, als das Baby endlich einen Namen hatte. Mama mit Herzschmerzen in der Notaufnahme, Mama wegen Herzrasen bei der Hausärztin … Es hatte gedauert, bis sich eine Kardiologin meiner erbarmte und eine vollständige Untersuchung anordnete. Als mehr oder weniger junge Frau mit Normalgewicht kann man mit Herzbeschwerden eine halbe Ewigkeit in der *Wohl-zu-viel-Stress-gehabt*-Ecke verbringen. Jeder Schritt in Richtung Diagnose wurde am Abendbrottisch diskutiert. Es war schnell klar, dass es sich um eine fiese Angelegenheit handeln musste, aber wir alle fanden es sehr tröstlich, dass sie uns nun wenigstens nicht komplett aus dem Hinterhalt treffen würde.

Später stellte sich heraus, dass auch eine meiner Töchter den Gendefekt geerbt hat. Es ist das eine, selbst an einer potenziell tödlichen Erkrankung zu leiden. Etwas völlig anderes ist es jedoch, zu wissen, dass es das eigene Kind getroffen hat – erst recht, nachdem ein anderes gezeigt hat, wohin das Ganze führen kann. Was tröstet: Da es viele Betroffene gibt, die bis ins hohe Alter symptomfrei leben, kann niemand vorhersagen, wie sich die Sache bei ihr entwickeln wird. Und so wabern wir Eltern hilflos zwischen Unbedingt-behüten-Wollen und Ganz-normale-Kindheit-Ermöglichen. Klar, die ständigen Untersuchungstermine nerven das Kind kolossal. Aber da sie keine Beschwerden hat, tanzt sie glücklicherweise genauso leichtfüßig durch ihr Leben wie immer. So, wie alle Kinder dieser Welt es verdienen. »Außerdem kann man einiges dagegen machen, wenn man es weiß«, erkläre ich den Kindern immer wieder, aber auch mir selbst.

Manchmal frage ich mich, ob das Wissen um meine Erkrankung meine Entscheidung, Kinder zu bekommen, beeinflusst hätte. Zwar liegt die Wahrscheinlichkeit, diesen Gendefekt zu vererben, bei nur etwa fünfzig Prozent, doch wer geht schon gern auf Risiko, wenn es um die Gesundheit der eigenen Kinder geht? Vermutlich kann ich froh sein, mich mein Leben lang für kerngesund gehalten zu haben. Die Unbeschwertheit, die mein Muttersein bisher ausgemacht hat, hätte ich mir sonst wo hinstecken können. Das wird meiner Tochter vielleicht anders gehen. Auch eine Bekannte, die schon länger von ihrer Herzerkrankung wusste, fragte sich lange: Nehme ich mit der Verwirklichung meines Kinderwunsches in Kauf, dass mein Kind womöglich nicht nur Träger oder Trägerin des Gendefekts wird, sondern auch erkrankt und, wenn es hart auf hart kommt, daran stirbt? »Mein Leben ist trotz all der Einschränkungen und des Risikos lebenswert. Und für mein Kind wird das hoffentlich genauso sein«, schloss sie schließlich. Ich hätte mich, da kenne ich mich gut, genauso entschieden. Denn was ist schon wirklich sicher? Niemand kann uns jemals eine Garantie dafür geben, ein hundertprozentig gesundes Kind zur Welt zu bringen. Und selbst dann könnte ihm immer noch etwas Unvorhergesehenes zustoßen. Nein, wenn man auf Nummer sicher gehen wollte, müsste man das mit dem Kinderkriegen einfach ganz sein lassen. Und das wäre doch auch keine Lösung.

Was wir allerdings in den letzten Jahren gelernt haben, ist, für alles gewappnet zu sein. Wir haben Notruf-Anrufe geübt und Herzdruckmassage; eine Liste mit Notfallnummern liegt gleich beim Telefon, und wie diese unaussprechliche Krankheit heißt, wissen die Kinder inzwischen auch, für alle Fälle. Natürlich fühlt es sich surreal an, natürlich verdrücken wir zwischendurch eine Träne, wenn wir all diese Dinge durchgehen, denn sie implizieren, dass jederzeit etwas Schreckliches passieren kann. Aber das kann es so oder so, und wenn ich unsere frühere Arglosigkeit so betrachte, dann wundere ich mich schon ein bisschen. Wie wir, um des lieben Friedens willen, die Diskussionen schließlich aufgaben und die Kinder einfach ohne Helm Rad fahren ließen. Wie wir sie auf jede Strecke, die sie sich zutrauten, allein mit Bus und Bahn losschickten. Wie wir unserer älteren Tochter die Verantwortung für ihre Partynächte übertrugen. Ja, unsere Kinder sollten sich in Selbstständigkeit üben und darin, eigene Entscheidungen zu treffen. Und das war gut so! Doch fürchte ich, ich muss mich schuldig bekennen. Ich hatte den Gedanken daran, dass das Leben tödlich enden kann, genauso verdrängt wie die meisten anderen dort draußen. Schon uns selbst wollen wir den Gedanken an das Ende nicht zumuten. Und unseren Kindern erst recht nicht.

Wie oft habe ich erlebt, dass Enkel von der Beerdigung ihrer Großeltern ferngehalten wurden, »um das Kind nicht zu verstören«. Sie sollten die Aufgebahrten nicht sehen in ihrer Blässe und Starre und, ja, in ihrer Schaurigkeit. Sie sollten verschont werden vor weinenden Gesichtern, vor Verzweiflung am Grab, vor der Konfrontation mit dem allerernstesten Ernst des Lebens: seinem Ende. Als meine Moskauer Uroma starb, da war ich vielleicht in der zweiten oder dritten Klasse, erfuhr ich erst Monate später davon. Man hatte es mir nicht gesagt, um mich nicht zu belasten.

In *Studien zur Geschichte des Todes im Abendland* zeichnet Philippe Ariès nach, wie sich der Tod in unserer westlichen Gesellschaft immer mehr zur einer Art Peinlichkeit entwickelt und damit die Sexualität als »Hauptverbotszone« abgelöst hat: »Früher erklärte man den Kindern, daß sie in einem Kohlkopf zur Welt kämen [in Frankreich ist die Geschichte vom Kohlkopf äquivalent zum deutschen Storch, Anm. d. Autorin], aber man ließ sie bei der großen Abschiedsszene am Lager des Sterbenden zugegen sein. Heute werden sie im zartesten Alter in die Physiologie der Liebe eingeweiht, aber wenn sie ihren Großvater nicht mehr zu Gesicht bekommen und sich darüber wundern, sagt man ihnen, dass er in einem schönen Garten mit lauter Blumen ruht.« Andere verklären den Tod und die Verstorbenen. *Der Opa ist jetzt im Himmel und guckt auf uns herab,* ist zweifellos ein schönes Bild, aber seien wir ehrlich, nicht mal die, die es malen, glauben selbst an so einen Blödsinn.

Als Erwachsene war ich selbst unsicher: Wie macht man es als Eltern richtig? Und wie würde ich es wohl tun? Jede Person, die Verantwortung für ein Kind trägt, kennt die Sorge, es mit der Grausamkeit der Welt zu überfordern. Ob wir unserem Kind einen Krieg erklären müssen, die Tatsache, dass wir an einer Depression leiden oder dass wir uns von seiner Mutter trennen werden, spielt keine Rolle. Tatsache ist, dass wir uns solchen Situationen immer wieder werden stellen müssen. Und unsere Kinder ebenfalls. Es nützt nichts, sie vor der Wahrheit bewahren zu wollen. Sie kommen früher oder später ja doch darauf. Und auf dem Weg dahin fühlen sie sich im schlimmsten Fall von uns betrogen.

Dass das Leben ganz unerwartet zu Ende sein kann, wissen meine Kinder nicht erst, seit ihr Bruder starb. Schon vorher war es innerhalb weniger Jahre zu mehreren Todesfällen in unserem Freundeskreis gekommen, darunter gestandene Erwachsene sowie ein winziges Baby. Es kann alle jederzeit treffen – kaum jemand hat das so verinnerlicht wie sie. Sie haben Tote gesehen und berührt, an Gräbern geschluchzt und sich nach und nach verabschiedet von der Idee eines gemeinsamen Lebens.

Aus dieser Zeit haben wir gelernt, dass es immer weitergeht, egal, wie schlimm es kommt. Selbst tiefste Trauer ebbt schließlich ab, und irgendwann geht nicht mehr jeder klägliche Versuch eines Lachens unwillkürlich in Weinen über, sondern vielleicht nur noch jeder zweite, und eines Sonntags stellt man fest: Das war ein wirklich schöner Tag heute. Trotz allem. Über all diese Dinge reden wir also. Genauso wie darüber, dass das Leben weitergehen wird, wenn ich mal nicht mehr dabei bin. Denn das wird es. Und ihre fabelhaften Väter werden es meinen Kindern so leicht wie möglich machen.

Einige Tage nach dem Tod unseres Sohnes, als sich alles in uns so leer und hoffnungslos anfühlte, wie es sich nur anfühlen kann, saßen mein Exmann und ich auf dem Sofa. Verweint und schlaff und müde besprachen wir, was in den nächsten Tagen alles anstehen würde, und wie immer brach irgendwer von uns in Tränen aus. In diesem Moment sagte er diesen einen Satz, für den ich ihm für immer dankbar sein werde. Seine Kampfansage hallt in mir bis heute nach, und zwar jeden einzelnen Tag. Ich bin sicher, dass vor allem sie mich bis hierher getragen hat. Er sagte: »Was geschehen ist, ist geschehen. Aber ich werde mir davon verdammt noch mal nicht mein Leben kaputt machen lassen.«

Uns unser Leben nicht kaputt machen lassen, obwohl es uns übel mitgespielt hat – das ist, glaube ich, unser aller große Aufgabe. »Wenn das alte Leben zerfällt, wenn alles von dir Geliebte wegbricht und alles von dir Abschied nimmt«, schreibt Anastasia Umrik, »dann denke dran, auch wenn es wehtut, dass dir nichts davon je gehört hat. Alles ist auf dieser Welt frei. Auch du.« Wir können uns für immer als Leidtragende betrachten oder uns unser Leben so gut wie möglich machen; wir haben die Wahl.

Ich muss hier nichts beschönigen, nach Party fühlen sich diese Gespräche nicht an. Immerhin entstehen sie meist, nachdem ein Hubschrauber angeflogen kam, um mich auf die Intensivstation zu bringen. Oder so etwas wie ein Defi-Schock passierte. Und doch sind sie unverzichtbar, denn nur so können wir mit der Zerbrechlichkeit des Lebens Frieden schließen. Wir Erwachsenen können vieles, aber den Tod loswerden können wir nicht. Also besser, unsere Kinder sind auf ihn vorbereitet.

Die young, stay pretty

Alter, Körper und Gebrechen

»Was? Das hast du wirklich machen lassen? Ausgerechnet du?« Meine Freundin Irene guckt mich an, als wäre ich die zweite Madonna: bis zur Unkenntlichkeit entstellt. Nicht mehr ich selbst. Und überdies: eine Verräterin unseres Geschlechts. Mit gesenktem Blick kratze ich in meiner Schüssel die letzten Quinoa-Reste zusammen. So ist das, wenn Frauen Ende dreißig zum Lunch zusammenkommen: Sie essen Superfood-Bowls und trinken Ingwertee in der unausgesprochenen Hoffnung, das letzte bisschen Knackigkeit, das ihnen geblieben ist, wenigstens noch ein paar Jährchen konservieren zu können.

Monatelang hatte ich morgens vor dem Spiegel mit den Fingerspitzen an meinen Gesichtskontouren herumgezogen. Zehn Jahre, so hatte ich es mir vorgestellt, könnten mir ein paar kleine, in meinem Unterhautfettgewebe platzierten Hyaluronsäure-Fäden verschaffen. Ich hatte es satt, dass man mir meine Müdigkeit ansah. Meine Trauer. Ach was, die ganzen verdammten letzten Jahre.

»Alle machen das!«, versuche in mich in Rechtfertigung. »Überall Botox und Filler und Nosejobs, und ich hatte halt dieses kleine Fadenlifting. Gegen die Schwerkraft, du weißt schon.«

Irene macht einen auf ahnungslos. »Wer denn alle?«

Hektisch scannt mein Hirn sämtliche Frauen in meinem direkten Umfeld. Nein, da ist keine einzige, die etwas hat machen lassen. Aber abends in den Bars, da sehe ich sie immer wieder. Oder in den besseren Restaurants, die ich ab und an mal frequentiere: pralle Wangenknochen, dicke Lippen, messerscharfe Kinnkonturen. Und natürlich auf Instagram. Der Algorithmus weiß genau, dass ich bei Vorher-nachher-Bildern hängen bleibe. Alt-jung-alt-jung. *Das könntest du sein!* Schon beim ersten morgendlichen Blick in den Spiegel wandern meine perfiden kleinen Fingerspitzen zu meinen Schläfen, wo sie die Haut ganz zart nach oben ziehen, gerade so weit, bis alles, was herabgesunken ist in den letzten Jahren, wieder dahin zurückkommt, wo es mal war. Fasziniert schaue ich in mein hochgezogenes Gesicht, genieße seine Juicyness und Frische. Dann lasse ich alles wieder nach unten gleiten. Eine müde, abgekämpfte Frau schaut mich an. Eine, die viel zu viel Mist mitgemacht hat. Wenn ich mich neuerdings auf Fotos sehe, erschrecke ich. Diese alte Frau da soll ich sein? »Das Leben hat es echt nicht gut mit mir gemeint«, schließe ich also meine Brandrede. »Findest du nicht, ich habe es wenigstens verdient, mein Gesicht zu behalten?«

Irene nickt erst, dann schüttelt sie den Kopf. »Also ich bin froh über jede neue Falte, die ich in meinem Gesicht entdecke. Dann denke ich immer: Wie geil ist das denn, dass ich so alt werden darf!«

Scheint, als würde Irene ein lebendes Beispiel für Horaz´ Empfehlung an uns Sterbliche abgeben: »Denke, dass jeder Tag der letzte sein kann, der dir leuchtet; die Stunden, mit denen du nicht fest gerechnet hast, werden dir dann besonders lieb sein.« *Falten? Fuck you, Hauptsache ich lebe!* Seit zehn Jahren weiß Irene von ihrem Wirbelsäulentumor. Zuerst waren da die heftigen Schmerzen im Rücken und in den Beinen, sie pilgerte von Arzt zu Ärztin, niemand fand was. Man riet ihr höflich zu Entspannungsübungen. Bis jemand endlich eine Untersuchung anordnete, die eigentlich Routine ist. Schon zweimal wurde der Tumor in den letzten Jahren wegoperiert, jetzt wächst er erneut. Bislang war er zwar gutartig, das kann sich aber jederzeit ändern.

Irene hat schon lange vor mir verstanden, dass Gesundheit nicht selbstverständlich ist. Und: Je älter wir werden, desto mehr Menschen sind da um uns herum, die sich mit ernsthaften Erkrankungen herumschlagen müssen. Da sind Krebsdiagnosen, Herzleiden, Autoimmunerkrankungen und Depressionen, plötzlich verstorbene Partner, gar nicht erst lebend geborene Kinder, und auch die Eltern unserer Generation fangen langsam an, sich rar zu machen. *Die Einschläge kommen näher*, das kann man wohl sagen.

»Da die Menschen nicht Tod, Elend und Unwissenheit heilen konnten, sind sie, um sich glücklich zu machen, auf den Einfall gekommen, nicht daran zu denken«, schreibt Blaise Pascal. Und was könnte außer der andauernden Geschäftigkeit, die Pascal den Menschen als perfektes Ablenkungsmanöver auslegt, besser dazu dienen, den Tod zu verdrängen, als ihn und seine Vorboten aus unserem Sichtfeld zu verbannen? Bleiben wir für immer jung und unversehrt, dann werden wir ja wohl auch niemals sterben. Wo kein Alter, da kein Tod. Und als nichts Geringeres ist doch unser Bestreben zu betrachten, jegliche Zeichen von Verfall von unseren Gesichtern, Bäuchen, Hinterteilen fernzuhalten. Alte, Sieche, Todgeweihte erschrecken uns: »Gerade in einer Gesellschaft, in der Tod weniger als Gewissheit, sondern als Folge schlechter Lebensentscheidungen gilt«, schreibt Roland Schulz. »Einer Gesellschaft, die jung oder alt kaum mehr als körperliche Zustände, sondern als Geisteshaltung begreift.« Achtzig ist das neue Sechzig, Sechzig ist das neue Vierzig – wenn wir so weitermachen, pinkeln wir mit zwanzig bald wieder in Windeln. »Allein schon das Wort ›alt‹ ist praktisch eine Beleidigung geworden«, konstatieren Thomas Hohensee und Renate Georgy in *Der Tod ist besser als sein Ruf. Von einem gelassenen Umgang mit der eigenen Endlichkeit*. »Da wird lieber ausweichend von ›älter‹, ›Senioren‹, ›Silverager‹, ›hochbetagt‹ und Ähnlichem gesprochen, damit sich niemand auf den Schlips getreten oder vom kalten Hauch des Todes angeweht fühlt. Bloß nicht daran denken, bloß nicht daran rühren. Jede Falte ist eine Erinnerung an das Unsägliche: Hier kommt keiner lebend raus.«

Wie jedes Lebewesen auf dieser Erde kämpfen wir erbittert, wenn wir plötzlich sterben sollen, und selbst wenn unsere Zeit schon lange abgelaufen ist, ringen manche von uns noch mit dem Ende. Unser Streben nach Jugend ist Selbsterhaltungstrieb und somit höchst natürlich, auch wenn er, in Extremform praktiziert, oft jegliche Natürlichkeit vermissen lässt. Den Frauen, die ich auf Instagram und in den Restaurants beobachte, ist sofort anzusehen: Irgendetwas stimmt hier nicht. Lippen würden so nicht wachsen, Brüste würden so nicht stehen, Haut wäre nie im Leben derart straff. Und auch Männern bleiben längst nicht nur lässige Sneaker, schnittige Karren und Geliebte, die ihre Töchter sein könnten, um sich den Gedanken an den eigenen Verfall vom Leib zu halten. Auch sie gönnen sich inzwischen Botoxbehandlungen, Facelifts, Haartönungen und trainieren gegen ihren Dadbod an. Jung sein wollen alle Geschlechter, und doch möchte ich eine kleine Unterscheidung einwerfen: Frauen trifft es in einer patriarchalen Gesellschaft besonders hart. Die Forschung legt es leider offen: Ein jung wirkender Körper simuliert Fruchtbarkeit und wird von Männern aller Altersklassen als deutlich begehrenswerter wahrgenommen. Andererseits: Ist es so wichtig, immerzu und jederzeit von so vielen Männern wie möglich begehrt zu werden?

So oder so: Kosmetisch-chirurgische Eingriffe nehmen mit jedem Jahr zu, auch in den jüngeren Altersgruppen. Als ich noch Teenager war, war alles, was wir tun konnten, uns auf Modelmaße runterzuhungern, heute sind Arschimplantate und Wangenfettentfernung eine durchaus realistische Option – vorausgesetzt, wir verfügen über das nötige Kleingeld. Verstehen Sie mich nicht falsch: Es ist großartig, die Möglichkeit zu haben, den eigenen Körper nach den eigenen Vorstellungen zu gestalten. Nicht alles an ihm ertragen zu müssen, was wir nicht ertragen wollen. Was für ein Gewinn, dass wir weder so aussehen noch so leben müssen wie unsere Großmütter! Sicher sind auch Ihnen schon Memes begegnet, in denen fünfzigjährige Fernsehstars von heute mit fünfzigjährigen Fernsehstars vor dreißig Jahren verglichen werden: die einen straff und heiß, als kämen sie gerade von einem Pornodreh, die anderen alt und grau, als wäre Sockenstricken ihr letztes noch verbliebenes Hobby. Auch wenn das natürlich heillos übertrieben ist, ist es nicht abzustreiten: Die älteren Generationen von heute sind gesünder, vitaler und insgesamt fresher als ihre Vorgängerinnen und Vorgänger. Sie tragen Jeans mit Fransen dran, tanzen Salsa und fliegen nach Afrika auf Safari, wie die beiden Seniorinnen, die sich mit mir vorhin das Viererabteil im Zug geteilt haben. Es war geradezu beängstigend, mit welcher Begeisterung sie sich über den WhatsApp-Status ihrer sich gerade am Gardasee befindlichen, nichts als einen Bikini tragenden Freundin hermachten. Ihre Haare waren besser gefärbt als meine, ihr Make-up perfekt. Wem wollte man solch ein schönes Leben schon missgönnen?

Doch das wahre Problem ist nicht das Bewahren von Jugendlichkeit – es ist die Angst vor dem Alter. Die Beauty-Branche ist dafür berüchtigt, angebliche Problemzonen selbst zu erschaffen und dann die Lösung dafür zu verkaufen. Was wir nicht alles an Tiegelchen und Tübchen und Prozeduren brauchen, um jung, straff und schön zu bleiben! Doch so jung, straff und schön, wie die photogeshoppten Models, die diese Produkte präsentieren, werden wir niemals werden, egal, wie sehr wir uns anstrengen und wie viel wir bezahlen. Es ist eine Unart des Kapitalismus, den Menschen in ewiger Unzufriedenheit zu halten, denn maximale Unzufriedenheit verspricht den maximalen Profit. Und mit der Angst vor dem Tod kann man erst recht so richtig Asche machen. Für das Jahr 2022 wurde der weltweite Anti-Aging-Markt auf vierundsechzig Milliarden US-Dollar geschätzt, bis 2032 soll die Summe sich in etwa verdoppelt haben. Es ist verrückt: Wir alle wollen möglichst alt *werden*, aber um nichts in der Welt wollen wir so *aussehen*.

»Was ist denn das für ein Fleck an deinem Bein? Hast du dir wehgetan?«, fragte mich letztens die Mutter meines Freundes. Es war Sommer, meine Beine zierten nichts als Hotpants.

»Ist bloß ein Besenreiser«, sagte ich.

»Toll, dass du das trotzdem machst – mit dieser kurzen Hose!«

Ich schluckte kurz. So schlimm war der doch gar nicht. Oder etwa doch? Nie habe sie sich in jüngeren Jahren getraut, kurze Röcke zu tragen, erzählte sie. Ihre Schwangerschaften hatten ihr auf die Venen geschlagen, das Ergebnis ihrer Vorstellung nach: nicht vorzeigbar. Heute ärgere sie sich über sich selbst, wenn sie auf Fotos von damals schaut. »Was hatte ich für tolle Beine. Ich hätte alles tragen und keinen Gedanken daran verschwenden sollen.« Erst spät im Leben habe sie beschlossen, drauf zu pfeifen. »Jetzt trage ich, was ich will!« Und mit diesen Worten reckte sie mir lachend ein Bein entgegen. Es ragte aus einem hellblauen, kurzen Sommerrock.

Genau das ist es, was ich am Alter so sehr mag. Egal, wie

sehr ich mit neunzehn noch vor Kollagen triefte: Nie im Leben will ich dahin zurück. Ich war so hilflos und verloren, dagegen konnten nur die Jahre etwas ausrichten. Je älter ich werde, desto ruhiger und sicherer werde ich mit mir selbst. Vielleicht ist es genau diese Gelassenheit, die uns helfen kann, mit all den Einschränkungen umzugehen, die Alter und Krankheit eben mit sich bringen; für die einen früher, für die anderen später.

Während die siebzigjährige Mutter meines Freundes Urlaub in den französischen Alpen machte, verbrachte ich meinen Geburtstag dieses Jahr im Krankenhaus: Kurz bevor die Gäste eintreffen sollten, fing mein Herz derart an zu rasen, dass mich der zu Hilfe eilende Rettungsdienst gleich mitnahm. Nach ein paar Stunden war der Spuk vorbei, genau wie meine Feier. Was für eine Nullnummer. Überhaupt, vorbei die Zeiten, in denen ich auf der Schnellschwimmerbahn oder im Park beim Joggen an den anderen vorbeizog. Beim Treppensteigen mache ich auf jeder Etage eine Pause, ich brauche viel Schlaf und ständig Ruhe. Das Medikament, das ich gegen die Rhythmusstörungen einnehme, macht mich träge und lässt mich jedes Jahr ein paar Kilo schwerer werden. Ich bin nicht mehr ich selbst, und alles, was mir bleibt, ist das anzunehmen. So wie meine Kollegin Lisa dank einer Chemotherapie alle ihre Haare verlor und sich weigerte, Perücke oder Tuch zu tragen. »Ich habe beschlossen, das als neue Phase in meinem Leben zu betrachten«, erzählte sie mir gerade erst beim Tee. »So bin ich eben jetzt. Und ich werde einen Teufel tun und das kaschieren!«

Wenn Leben ständiges Abschiednehmen bedeutet, dann bedeutet es auch, uns ständig von uns selbst zu verabschieden. Von dem, was wir waren, von dem, was wir wollten, von dem, was uns möglich erschien. Was sehne ich mich danach, einfach mal wieder beim Tischtennis mitzumachen. Herrgott, Tischtennis! Können Sie sich vorstellen, dass so etwas Banales plötzlich nicht mehr gehen sollte? Schwingen Sie den Schläger, solange Sie noch können! Alles im Leben hat nun mal seine Zeit.

Am Ende ist das aber auch nur halb so wild. Wenn Tischtennis nicht mehr geht, geht vielleicht wenigstens noch Kicker. Obwohl ich mich auch da besser nicht verausgaben sollte. Ja, es gibt viele Dinge, die für andere selbstverständlich, für mich (oder Sie) aber nicht mehr drin sind. Doch trotz all dieser Abstriche wartet jeden Tag ein gigantisches Füllhorn namens Leben auf mich, und meine Möglichkeiten sind nahezu unbegrenzt. Wen kümmert es da groß, ob ich noch rennen kann? Hauptsache, ich kann noch denken.

Gegen unsere Vergänglichkeit ankämpfen bedeutet gegen das Leben ankämpfen, so viel begreife ich langsam. Alles, was dabei herauskommen kann, ist Unglücklichsein. Statt uns also darüber zu beschweren, was uns das Schicksal alles genommen hat, sollten wir viel lieber darauf gucken, was es uns alles geschenkt hat, was wir jetzt, in diesem Augenblick noch alles haben.

Irene überprüft mein Gesicht im fahlen Schein der Lampe. »Ich sehe keinen Unterschied«, konstatiert sie.

Ich auch nicht. Drei Tage nach besagtem Fadenlifting sah alles wieder genauso aus wie vorher. Nur den Batzen Kohle war ich los.

»Ich hoffe, du hast was draus gelernt«, lacht Irene.

»Dass ich mir beim nächsten Mal jemand Qualifizierteres suche?«

»Dass du den Scheiß besser sein lassen solltest. Mach von dem Geld lieber Urlaub. Da ist es besser angelegt.«

Irene ist so ein Fangirl, was das Altern angeht, dass sie mich bestimmt überlebt: Eine Studie der Yale University ergab, dass die Lebenserwartung von Menschen mit einer positiven Sicht auf das Alter durchschnittlich siebeneinhalb Jahre über der von Menschen liegt, die es eher negativ betrachten. Ich verspreche also, über die Sache mit dem Urlaub nachzudenken, und ich tue es noch immer, als ich schon längst wieder zu Hause in den Armen meines Freundes liege. Gedankenverloren streicht er mit dem Finger über meine Handrücken. Plötzlich hält er inne: »Du hast da ja einen kleinen Altersfleck!« Ich halte den Atem an. Hört das denn niemals auf?

Er lächelt. Mit meinem Zeigefinger fährt er sich selbst über die Hand: »Hier, guck, ich habe auch einen. Wir werden zusammen alt. Schlag ein!«

Mit dem Tod der anderen leben

Trauer, Trost und andere Tücken

Knusperhühnchen – ein denkbar einfaches Essen, das mit ein bisschen Anleitung einer oder eines Erwachsenen sogar ein Siebenjähriger vorbereiten kann: mundgerechte Stückchen Hühnerbrustfilet erst in Mehl wenden, dann in Ei und schließlich in einer knusprigen Panade aus Cornflakes. »Ich bin der Chefkoch, und Papa ist mein Küchenjunge!«, rief Edgar eines Winterabends mit überniedlichem Zahnlückenlächeln aus der Küche, während seine kleinen Hände flink die Fleischstückchen für ihr Ölbad präparierten. Dass dies das letzte Mal sein würde, konnten wir nicht ahnen. Zwölf Stunden später war er tot.

Natürlich hatte ich gewusst, dass Menschen, die ich gernhatte, ja, die ich liebte, sterben würden. *Wir werden geboren, um zu sterben, besitzen Dinge, um sie zu verlieren, begegnen Menschen, um sie zu verlassen* – schon klar, ich kannte diese buddhistische Weisheit. So richtig los ging es damit für mich mit Anfang zwanzig. Als meine Oma an Leukämie erkrankte, fuhr ich jeden Monat für ein Wochenende zu ihr, putzte die Wohnung, wusch die Gardinen, machte Besorgungen drüben bei Aldi. Zum Schluss wischte ich Erbrochenes vom

Boden auf, meine im Bett vor sich hinröchelnde Oma vertrug die Medikation nicht. Das letzte Mal verabschiedete ich mich von ihr im Krankenhaus. »Wir sehen uns dann bei dir zu Hause!«, rief ich ihr zu, aber dazu kam es nicht mehr. Wenige Tage später war sie tot, meine Oma Katharina. Die, von der ich meinen Namen habe. Die die besten Pfannkuchen dieser Welt machte. Die mir das Sticken beibrachte und wie man Blutflecken aus Bettwäsche entfernt. Meine Oma war für mich ein Zuhause gewesen, eins, das nach Dill duftete und nach Hefegebäck. Und nun musste ich sie loslassen. Vielleicht war es kein Wunder, dass ich wenige Monate später mit meinem ersten Kind schwanger wurde. Eine Ära war zu Ende gegangen, eine neue sollte beginnen. Das ist der Lauf der Dinge: Die Alten gehen, die Jungen kommen nach.

Seit meine Freundin Anna ihr drittes Kind tot zur Welt brachte, weiß ich, dass es nicht nur die Alten sind, die wir zu Grabe tragen müssen, sondern manchmal auch die Jüngsten. Und doch bleibt Edgars Tod etwas, auf das mich niemand jemals hätte vorbereiten können. Denn es war *mein* Kind, und es starb nicht in dieser nebulösen Zwischenwelt, die wir Schwangerschaft und Geburt nennen, in der bekanntlich alles Schöne und alles Schreckliche dieser Welt passieren kann. Nein, Edgar starb als vollständige Persönlichkeit in einer Unterhose mit Darth Vader drauf, nachdem er sieben wunderschöne Jahre inmitten seiner Familie verlebt hatte.

Es ist fast eine Ironie des Schicksals, dass Anna und ich beide innerhalb von wenigen Jahren unser drittes Kind verlieren mussten. Nach wie vor weiß ich nicht, wie ich das alles durchgestanden hätte, wäre sie nicht schon vor mir durch diese Art von Schmerz gegangen. Hätte sie nicht genau gewusst, was zu tun ist, was wir brauchen und was wir fühlen. Vielleicht muss man dem Tod selbst auf übelste Weise begegnet sein, um Menschen tragen zu können, deren Verlust für andere unbegreifbar bleibt. »Leid, so stellt sich heraus, ist ein Ort, den von uns niemand kennt, solange wir nicht dort sind«, schreibt Joan Didion in *Das Jahr magischen Denkens*. Und Trauer, das verstanden wir in den kommenden Wochen und Monaten, schafft Bindung. Plötzlich waren Menschen zur Stelle, mit denen wir nie gerechnet hätten. Die wussten, *wie es ist*, die sich darum kümmerten, dass wir uns warm und geborgen fühlten und dass wir nicht verhungerten in all der Düsternis.

Es ist wohl müßig, sich an einer Erklärung zu versuchen, wie es sich anfühlt, das eigene Kind zu verlieren. Nichts daran ist natürlich, wenn ein Kind vor seinen Eltern geht, nichts daran ist erklärbar. Da ist kein *Nun ist er alt, sein Leben ist vorüber*, so wie man es von meiner Oma sagen konnte. Nein, Edgars Leben hatte noch gar nicht richtig angefangen. Und er hatte Pläne! Zumindest für sein florierendes Bauwesen in *Minecraft*. Im Spaßbad hatte man ihm kürzlich den Weg zur neu eröffneten Wildwasserbahn verwehrt, drauf durfte man nämlich erst ab acht. »Nächstes Jahr dann«, hatten wir das weinende Kind getröstet, aber nächstes Jahr, das kam für ihn nicht mehr. Kein Übergang in die zweite Klasse, keine Pubertät, keine Frage, ob Abi oder nicht, keine erste Liebe und keine letzte, kein Studium, kein Beruf. Keine Meilensteine, keine Krisen, keine Erfolge. Er hatte alles vor sich. Und nichts davon wird jemals Wirklichkeit werden.

Wenn eine Person, die wir lieben, stirbt, dann stirbt auch unsere gemeinsame Zukunft. Weggewischt sind all die Dinge, die wir zusammen erleben wollten, unsere Pläne, unsere Hoffnungen, unsere Sehnsüchte. Manchmal lachen mein Exmann und ich darüber, dass Edgar für immer dieser süße Siebenjährige bleiben wird, dessen Zimmer nie nach vollgeschwitzten Socken gestunken hat und mit dem wir uns niemals über Komasaufen streiten mussten. Dass er einfach tolle sieben Jahre hatte und keine Ahnung von den Problemen der Erwachsenen. Aber wenn ich ehrlich bin: Ich hätte überhaupt nichts dagegen gehabt, seine fiesen Socken zu waschen und ihm ein paar ordentliche Standpauken zu halten. Ich hätte gern gewusst, was für ein Mensch er geworden wäre. Wohin das Leben ihn so geführt hätte.

Es klingt verrückt, aber in den ersten Monaten nach seinem Tod fand sogar so etwas wie Wut ihren Weg zwischen unsere Trauer. »Wie konnte er nur?«, entfuhr es manchmal unseren Mündern. Edgar war vermutlich der letzte Mensch auf dieser Erde, der seinen Tod verantworten konnte. Und doch fühlten wir uns von ihm so verlassen, als hätte er in vollem Brustton der Überzeugung gesagt: »Mir reicht's, ich gehe.« Und hinter sich die Tür zugeschlagen. Natürlich schossen unsere Gedanken hin und her. Wer war schuld an dieser ganzen Scheiße, mit der wir von nun an und für immer leben mussten? War es die Kinderärztin, die uns ein paar Tage vor seinem Tod mit einem Rezept für Globuli nach Hause schickte? War es der junge Arzt in der Notaufnahme, der uns versicherte, es sei nur Magen-Darm? Oder war es am Ende ich, die ich eine ganze Nacht im Bett mit meinem sich hin und her wälzenden Kind verbracht hatte, ohne zu merken, dass es auf seinen Tod zusteuerte? Da waren schon Tausende solcher Nächte gewesen. Kinder über Kotzeimern, Kinder mit Bauchschmerzen, Kinder, die nicht schlafen konnten – das alles gehört zum Elternsein dazu. Trotzdem musste ich es mir wieder und wieder sagen lassen von meinem Exmann, meiner Mutter und gefühlt von allen anderen Menschen, die ich kenne: Ich hätte es nicht wissen können. Noch immer brauche ich diesen Zuspruch von Zeit zu Zeit. Denn Schuldgefühle scheinen quasi im Paket mit inbegriffen zu sein: Eine meiner Freundinnen konnte es sich lange nicht verzeihen, mit ihrem Freund gestritten zu haben, bevor er am nächsten Morgen an einem Herzinfarkt verstarb. Eine weitere konnte nicht vergessen, dass es zwischen ihr und ihrer Schwester, die ganz plötzlich von einem Hirntumor dahingerafft wurde, so viel Ungesagtes gab. Wieder andere machen sich Vorwürfe, sie wären nicht da gewesen in dem Moment des Todes, hätten nicht genug Zeit in die Beziehung investiert oder in die Pflege, hätten sie doch nur dies, hätten sie doch nur das … Und nun ist alles zu spät, der Tod ist unumkehrbar.

Heute, wo wir dank der modernen Medizin der Illusion verfallen sind, den Tod wie alle anderen Unwägbarkeiten im Griff zu haben, fühlt sich sein Triumph an wie ein persönliches Totalversagen. Erfolgreiche Menschen haben alles unter Kontrolle, und haben sie es mal nicht, kommt das einem Scheitern gleich. Setzen, sechs, durchgefallen. Vielleicht verklagen Angehörige deshalb neuerdings so gerne Ärztinnen und Ärzte: Je säkulärer unsere Gesellschaft wird, je weniger wir die Verantwortung für das Geschehene in Gottes Hände legen können, desto mehr suchen wir nach jemand anderem, der oder die die Last der Schuld für uns trägt. Doch kein Schuldeingeständnis und kein Schmerzensgeld der Welt wird den geliebten Menschen je zurückbringen. Der Kampf um die Schuld wird immer ein Phantomkampf bleiben, sofern er nicht verhindern soll, dass Vorsatz oder Fahrlässigkeit ein weiteres Mal geschieht. In allen anderen Fällen kann man sich die Mühe sparen, finde ich, und die verbleibende Energie direkt dem Verarbeiten des Schrecklichen widmen.

Für meine Familie und mich bedeutet das: reden. Witze machen. Und weinen, wann immer uns danach ist. Wenn uns beim Bäcker an der Kuchenauslage die rot glänzenden Ochsenaugen anfunkeln. Wenn der kleine See im Park zugefroren ist, dessen Eis Edgar in seinem letzten Winter so gern mit einem Stock zerhackte. Oder wenn wir am Kindergarten vorbeifahren und die vielen kleinen Sonnenhüte umherwuseln sehen, unter denen einer seinem grünen mit der breiten Krempe garantiert zum Verwechseln ähnlich sieht. »Weißt du noch …?«, fragen wir einander dann, und natürlich, wir alle wissen es immer noch ganz genau. Die Zeit, in der Edgar noch mit am Esstisch saß, ist genauso Teil unserer Gespräche wie die Zeit danach. *Man soll nicht schlecht über Tote reden,* lassen wir nicht gelten und reißen Witze über diesen Kerl, dessen Klappe riesig und dessen Wutausbrüche legendär waren.

Nach wie vor wohnt er überall in unserer Wohnung, auch wenn sein Zimmer längst von einer seiner Schwestern bezogen worden ist. Am Esstisch brennt eine Kerze an seinem Platz. Da sind Fotos von ihm an den Wänden und die Ausstellung seiner Lieblingsspielzeuge im Wohnzimmer. Am Kleiderhaken im Flur hängt seine Jacke, und seine Schuhe stehen im Schuhregal neben unseren. So viel wir von seinen Sachen kurz nach seinem Tod weggegeben haben, so sehr hüten wir inzwischen das, was wir noch haben. Wenn ich im Sommer in der Kiste mit den Badesachen nach unseren Bikinis wühle und stattdessen Edgars winzige Badehose mit den drei Streifen in der Hand halte, überrollt mich geballte Zärtlichkeit. Oder wenn ich ganz hinten im Küchenschrank die alte Teedose suche und dabei seiner T-Rex-Trinkflasche begegne. Auch sein Geburtstag bleibt für uns gesetzt. In diesem Jahr buchten wir im Kino diese dekadenten Liegesessel, auf denen wir die größtmöglichen Nacho-Menüs mit eimerweise Cola ertränkten. Danach gab's Autoscooter und Loseziehen auf dem Rummel. Was für ein Fest!

Für Außenstehende mag das zuweilen etwas merkwürdig anmuten. So viel Präsenz eines Toten, damit ist nicht leicht zurechtzukommen. Manche Besucherinnen und Besucher werden ganz still, wenn wir in unserem Gespräch auf unseren Sohn kommen. Ein unsicheres Terrain ist das. Was kann man sagen? Was *soll* man sagen? Soll man überhaupt? »Der Gedanke, Trauernde vor schmerzhaften Erinnerungen verschonen zu wollen, ist ein häufiger Trugschluss [...]«, schreibt Roland Schulz. »Trauernde stehen aber nicht in Gefahr, aufgewühlt zu werden – sie sind schon aufgewühlt.« Meine zwanzigjährige Nichte, die uns einige Monate nach Edgars Tod besuchte, war ganz erleichtert darüber, wie selbstverständlich das Unaussprechliche Teil unserer Konversation geworden war. »Ich wusste nicht, wie ich mit euch darüber reden soll«, gab sie zu. »Aber ihr habt mich überrascht – es ist, als ob sein Tod etwas ganz Normales wäre.«

Etwas ganz Normales. Es stimmt, für uns ist er das geworden. Unser totes (Geschwister-)Kind ist für uns inzwischen ebenso selbstverständlich wie unsere anderen, lebenden (Geschwister-)Kinder. Wir haben das, was geschehen ist, über die Zeit zum Teil unseres Alltags werden lassen. Und ich bin mir sicher, dass es uns den Arsch gerettet hat, nichts wegzuschieben oder zu verschweigen. Vermutlich übten wir uns, ohne den Begriff dafür zu kennen, ganz instinktiv in *radikaler Akzeptanz*: Wir nahmen die Realität als die an, die sie war, statt gegen unser Schicksal anzukämpfen. Wie unser Liebling Seneca schon zu sagen pflegte: »Den Willigen führt das Schicksal, den Widerstrebenden führt es fort.« Es ergibt keinen Sinn, sich gegen das, was geschehen ist, zu wehren. Es ist schließlich ohnehin nicht mehr zu ändern. Doch das bedeutet nicht, dass wir nicht trauern dürften. Ganz im Gegenteil: Verluste von Menschen, Dingen, Lebensträumen brauchen Zeit und Raum, um auszuheilen – gar nicht so anders als Wunden in unserem Fleisch. Sich dieser Trauer voll und ganz hinzugeben, ist die einzige Möglichkeit, sich nicht ein Leben lang von ihr auffressen zu lassen. Ich kenne Familien, in denen nicht über die verstorbene Schwester geredet werden, das tote Kind nie erwähnt werden darf. In denen die Sachen des Partners nicht angerührt werden, über Jahrzehnte nicht. Verschweigen, verweigern, verstecken – Trauerabwehr geht auf verschiedenste Weise. Am Ende halten wir nur uns selbst gefangen, wenn wir all die schrecklichen Gefühle, die uns solche Angst einjagen, in uns zurückhalten.

Vielleicht fällt es uns auch deswegen so schwer zu trauern, weil wir gar nicht mehr so richtig wissen, wie das geht – jetzt, wo der Tod so selten in unserem Umfeld einreitet, sinniert Daniel Schreiber in *Die Zeit der Verluste*. Wo früher ein Trauerjahr ganz selbstverständlich schwarz war und jeder einzelne Gedenktag klar, wo die Zeit des Übergangs vom Leben *mit* zum Leben *ohne* diesen einen Menschen gemeinschaftlich begleitet wurde und eindeutigen Ritualen folgte, haben wir heute kaum noch Vorbilder in der Frage, wie das geht – das *gute* Trauern. Wir haben keine andere Wahl, als unsere Trauerregeln selbst zu schreiben. Und was auch immer sie beinhalten: Sie sind so unterschiedlich, wie wir selbst es sind. Für den einen mag es das Richtige sein, sich zu Hause zu vergraben, für die andere, Nächte durchzutanzen. Manche brauchen auch noch das letzte Bonbonpapierchen der Verstorbenen, um sich ihrer zu erinnern, andere schicken all ihre Sachen in die Welt, damit sie sich an ihnen erfreue. Und nicht selten wechseln wir die Seiten, immer wieder, sind mal dieses und mal jenes. Leicht macht man es uns in diesen Zeiten, in denen konstante Glückseligkeit das oberste gesellschaftliche Ziel zu sein schein, nicht, schreibt Ariès: »Allzu augenfälliger Schmerz weckt nicht Ehrerbietung, sondern Widerwillen: er ist ein Zeichen von geistiger Verwirrung oder von schlechter Erziehung; er ist *morbide*. Innerhalb des Kreises der Familie ist man noch unschlüssig, ob man sich gehen lassen darf oder nicht, aus Angst, die Kinder zu verstören. Das Recht zu weinen hat man nur, wenn einen niemand hört oder sieht: Die einsame und verschämte Trauer ist die einzige Zuflucht, gleichsam eine Art Masturbation.«

Trauer ist kein linearer Prozess, und wenn wir Menschen, die es wissen sollten, glauben wollen, dann hört sie niemals gänzlich auf. Schulz zeichnet ein Bild, das Trauerbegleiterinnen und -begleiter gern benutzen, wenn sie von Trauer reden: einen schwarzen, schweren Klumpen in einem Gefäß aus Glas. »Der Klumpen Kohle schrumpft nicht, er bleibt gleich groß – es ist vielmehr das Gefäß aus Glas, das seine Dimension verändert: Die Welt und das Leben des Trauernden wächst um die Trauer herum, wird größer und weiter, die Trauer nimmt weniger Raum ein. Aber sie ist noch genauso groß wie zuvor. Trauer geht nicht weg. Trauer bleibt.« Niemand muss sich ausdauernd im eigenen Elend suhlen, manchmal haben wir uns eine Pause verdient. Doch damit das Gefäß um unsere Kohle größer und größer werden kann, müssen wir ehrlich zu uns selbst sein: Laufe ich vor all dem Schrecklichen in mir davon, oder laufe ich darauf zu?

Und dann sind da immer noch die Stimmen der anderen Menschen. Derer, die sagen, bei dem war es doch so und so (als ob unser Schmerz vergleichbar wäre mit dem von jemand anderem). Die finden, wir gehen viel zu früh wieder arbeiten oder zu spät, die sich nicht vorstellen können, wie wir trotz allem den Geburtstag einer Freundin feiern oder im Gegenteil erwarten, dass wir endlich mal wieder rauskommen aus unserer Höhle (als ob sie wüssten, was wir brauchen). Die finden, wir reden zu viel über unseren Verlust, oder die uns in den unpassendsten Situationen mit den unpassendsten Fragen dazu überfallen (als ob sie bestimmen könnten, was das richtige Maß für uns ist). Die, die ihre eigenen Prinzipien an uns anlegen wollen. Das alles ist sehr menschlich und kann selbst unbewusst passieren. Doch was unser Gefäß wachsen lässt und was nicht, das können wir letzten Endes nur selbst erahnen.

»Es ist so einfach, einem trauernden Menschen etwas Richtiges zu sagen – eben weil man nichts Richtiges sagen kann«, schreibt Daniel Schreiber. Nur keine Scheu, da bin ich dabei, es ist alles schon schlimm genug: Haben Sie keine Angst zu stören. Schreiben Sie, reden Sie, rufen Sie an, wenn der Verlust einer Ihnen bekannten Person zu Ihnen durchdringen sollte! Doch halten Sie sich zurück mit Ratschlägen, Bewertungen und erst recht mit Geschichten vom Leid anderer Leute. Hier geht es einzig und allein um den Menschen, der trauert. Geben Sie ihm Ihren Raum, geben Sie ihm Ihre Zeit.

Ehrlich gesagt, nicht viele bekommen das gut hin. Ich verstehe das. Tod überfordert, Tod ist zu viel, für uns alle. Das

Sterben der anderen erinnert uns an unsere eigene Sterblichkeit – und an die unserer Lieben. Stellen Sie sich also vor, was in unserem Viertel los war nach der Sache mit Edgar, in der Schule und im Kindergarten: so viele junge Familien, alle in Aufruhr, alle mit dem gleichen unausgesprochenen Gedanken im Kopf: *Was, wenn es mein Kind gewesen wäre?*

»Um wen weinst du wirklich?« – Das sei eine Frage, die er sich bei Beerdigungen öfter stellen würde, verriet mir einmal ein Bestatter. Klar weinen wir um Mutter, Vater, Kind, Freund, Freundin, nahestehende Personen. Aber sterben Menschen, die zu unserem Alltag nur wenig Bezug haben, die unser Leben nicht bestimmen und begleiten, dann trauern wir wohl kaum um sie, wenn wir mit Tränen in den Augen ein Häufchen Sand in ihre Totengrube werfen. Sondern vielmehr um uns, um die, die wir lieben und eines Tages verlieren werden, oder die, die wir schon verloren haben, egal, ob tot oder lebendig. Der Schmerz der anderen erinnert uns an unseren eigenen Schmerz, an unsere Angst und unsere Ohnmacht, und hier, nun endlich, dürfen wir sie spüren.

»Wie viele Kinder haben Sie?«, das ist eine Frage, die Eltern oft gestellt bekommen. Eltern lieben es bekanntlich, über ihre Kinder zu reden. Es ist ein unverfängliches Thema, eins, mit dem man nicht viel falsch machen kann. Normalerweise. Ich hingegen bekommen jedes Mal einen kleinen Schreck, sobald mir jemand diese Frage stellt. So lebendig Edgar in unserer Familie und im Gespräch mit unseren Freundinnen und Freunden, so präsent sein Tod und unser Verlust auch in unserem Alltag ist, so sparsam habe ich mir angewöhnt im Außen mit ihm umzugehen. Ich weiß, ich kann nur Falsches sagen. *Zwei Töchter, zwölf und sechzehn Jahre alt* verkennt nicht nur die Realität, dass Edgar da war, ganze sieben Jahre lang, und immer noch Teil unserer Familie ist. Es fühlt sich auch so an, als würden wir ihn im Stich lassen, ihn ausklammern aus unserem Leben, nur weil er jetzt im Reich der Toten weilt. Sage ich hingegen *drei*, weiß ich beim Alter schon nicht mehr weiter. Fragt jemand nach, werde ich es sagen müssen: *Sechzehn, zwölf, und der Jüngste, nun ja, der ist mit sieben gestorben.* Erinnern Sie sich, wie ich schon im allerersten Kapitel rumdruckste und mir Sorgen um Sie machte? Die meisten Menschen, die so etwas hören, müssen sich erst mal sammeln, verfangen sich in Übersprungsreaktionen, können sich nicht mehr auf das Gespräch konzentrieren. Am schlimmsten aber, auch das kommt vor: übergehen sie meine Antwort, als hätte ich nichts gesagt. In den meisten sozialen Situationen beschließe ich also, mein Gegenüber vor Irritationen zu schützen. Es ihm leicht zu machen, unverfänglich. Und mir selbst damit ebenso. Ich will nicht ständig auffangen müssen, weglächeln, tapfer sein. *Zwei Kinder*, das ist eindeutig die untreue Variante. Aber es ist auch die, die mir das Leben leichter macht. Und *sich das Leben leichter machen*, das wissen alle, die jemals im Tal der Finsternis gewandelt sind, ist ohnehin die eine große, ja fast übermenschliche Aufgabe, wenn man einen Verlust zu betrauern hat. Denn wie hat es Mascha Kaléko so schön beschrieben: »Bedenkt: den eignen Tod, den stirbt man nur, doch mit dem Tod der andern muss man leben.«

Aftershow-Party

Was danach alles (nicht) kommt

Auf unserem Friedhof ist es still. Bis auf ein paar Vögel und die kleinen Kellerasseln, die aus dem Boden geschossen kommen, sobald ich auch nur ein Steinchen neu arrangiere, treffe ich hier nie jemanden. Weder jemand Fremdes noch Bekanntes, was eigentlich erstaunlich ist; nur ein paar Gräber weiter liegen die Angehörigen meiner Freundinnen. Wir haben die Stelle sogar danach ausgesucht: Möglichst nah sollte Edgar ihnen sein. Zusammen bilden sie fast so etwas wie eine neue Familie.

Es ist, als ob wir Lebenden uns heimlich abgesprochen hätten, allein mit unseren Toten zu sein. Mir ist das nur recht. Mein Sohn und ich, wir wollen unsere Ruhe. Obwohl, da kann ich, wenn ich ehrlich bin, nur für mich selbst sprechen. »Was hätte ihm gefallen? Was hätte er gewollt?« Anrührende Fragen sind das, die wir uns immer wieder stellen. Gelbe Rosen oder doch lieber rote Tulpen? Einen richtigen Grabstein mit Gravur oder den Findling von der Stelle an der Ostsee, wo er so gern Staudämme baute? Als ob ein Kind sich je mit solchen Fragen beschäftigt hätte. Regelmäßig finde ich kleine Devotionalien, die jemand auf seinem Grab abgelegt hat: ein bemaltes Steinchen, ein Engel aus Stein, eine Plastikfigur. Nicht alles davon nach seinem Geschmack. »Dass wir ihm nicht alles recht machen können, muss er jetzt aushalten«, sagte Anna schon, als wir die Beerdigung vorbereiteten. So ist das. Wer tot ist, kann nicht protestieren. Und wer lebt, bekommt auch nicht immer, was er oder sie will. Über das kleine Gummibären-Tütchen, das ich letztens auf seinem Findling gefunden habe, hätte er sich aber garantiert gefreut.

Ich mag die Idee, mit den Verstorbenen Essen und Trinken zu teilen. Vor vielen Jahren landete ich einmal beim Familiengrab meines damaligen Freundes in Mazedonien. »Was ist denn hier los?«, rief ich, die ich von zu Hause nur traurige, Enttäuschung ausstrahlende Grabstätten kannte. Dieser Friedhof aber sah aus, als hätte die halbe Stadt dort gerade eben noch ein Picknick abgehalten und sei unverrichteter Dinge einfach wieder abgerückt. Colaflaschen, Selbstgebrannter, Kuchen, Kekse und Pralinen türmten sich auf den Grabmälern und den Mäuerchen daneben. »Wir bringen das mit, was die Toten gerne mögen«, erklärte die Mutter und zog eine Jumbo-Flasche Cola und Waffeln aus ihrer Tüte. Dazu ein paar Plastikbecher, mit denen wir auf den erst kürzlich begrabenen Großonkel anstoßen konnten. Ein Typ, der offensichtlich gerne Cola getrunken und Haselnusswaffeln geknuspert hatte. Ohne solcherlei südosteuropäische Traditionen zu kennen, hat heute Edgars großer Bruder, der Sohne meines Exmannes aus seiner ersten Ehe, bei Friedhofsbesuchen immer eine Dose Fanta dabei. Und der erste Schluck geht zeremoniell in die Erde, unter der unser Liebling begraben liegt. Dabei bekommt der kleine, vor sich hin verwesende Körper doch überhaupt nichts mehr mit von alldem. Er muss nichts mehr aushalten, nichts entscheiden – nichts mehr leben. Alle diese Rituale, die dem Verstorbenen dienen sollen, trösten in erster Linie nur uns selbst, und daran ist überhaupt nichts Falsches oder Egoistisches. Wir sind es ja, die irgendwie weitermachen müssen. Die hier zurückgeblieben sind mit all dem Schmerz.

»Aber er ist doch gar nicht weg, sondern immer noch bei uns«, sagt meine Mutter immer wieder. Sie ist sich sicher, dass die Toten weiterleben, als körperlose Geist-Essenz oder so etwas. Auch die Sterbeforscherin Elisabeth Kübler-Ross, auf die das moderne Verständnis von Sterbephasen zurückgeht und die die Hospizbewegung mit ins Leben rief, kam später zu der Überzeugung, das Leben ende nicht mit dem Tod. In Wissenschaftskreisen war sie damit natürlich unten durch. Kurz nach Edgars Tod kaufte ich sogar eines ihrer Bücher. Vielleicht war ja doch etwas dran an dem ganzen Hokuspokus. Trauernde klammern sich bekanntlich an jeden Strohhalm, den man ihnen hinhält. Doch nachdem ich gelesen hatte, wie Kübler-Ross der Geist einer ihrer verstorbenen Patientinnen erscheint und sie in einer wichtigen beruflichen Entscheidung berät, wanderte das Buch in den Müll. Zu absurd kam mir das alles vor.

Ähnlich abenteuerlich erscheint mir die christliche Vorstellung, dass wir, wie einst Jesus, am Jüngsten Tag auferstehen werden, sollten wir zu den Gläubigen gehören. Das Problem, dass unsere Körper bis dahin in der Erde verbuddelt und zersetzt oder in alle Himmelsrichtungen verstreut würden, löste die Theologie im Laufe der Zeit mit der Übernahme der antiken Idee von der unsterblichen Seele. Überhaupt, wer an Gott glaubt, ist nie allein, denn: *Dein Stecken und dein Stab, sie trösten mich*. Manchmal beneide ich meine gläubigen Freundinnen um ihren Glauben. Sie wissen genau: Wenn etwas Schlimmes geschieht, ist das eine Prüfung von Gott, und sie werden sie alles in allem demütig annehmen. Ich hingegen weiß nur: Schon wieder Pech gehabt. Wer von uns am Ende besser dran ist, ist klar, oder? Und Trost lässt sich auch in anderen Phantasmen finden: in dem bestechenden Versprechen, im Jenseits diejenigen wiederzusehen, die wir lieben, zum Beispiel. In der Idee, in den Schoß von Mutter Natur zurückzukehren. Oder, was ich persönlich besonders charmant finde, in der Erwartung einer Wiedergeburt. Easy, wenn man sich den ganzen YOLO-Stress nicht antun möchte: Einfach im nächsten Leben weitermachen! Jenseitsvorstellungen finden sich dank der übermächtigen menschlichen Todesangst in allen Epochen und Religionen dieser Welt (am liebsten sind mir in dieser Hinsicht die alten Ägypter – niemand war jemals so besessen vom Leben nach dem Tod wie sie, und wir feiern sie immer noch dafür). Doch auch nichtreligiöse Menschen setzen sich ihre eigene Version nach Gutdünken aus buddhistischen, esoterischen und christlichen Bildern zusammen. Und warum auch nicht? Was immer hilft, hat recht. Doch nach Beweisen für das eine oder andere können wir lange suchen. Es kann uns ja niemand mehr erzählen, wie es *wirklich* ist, wenn es vorbei ist mit uns. Selbst Nahtoderfahrungen mit Licht am Ende des Tunnels, Gefühlen von Leichtigkeit und Freiheit, Out-of-Body-Erfahrungen oder Abspulen von Erinnerungen wurden von der Wissenschaft nach und nach entmystifiziert: Alles nur, weil das Gehirn nicht mehr richtig durchblutet wird. Dazu noch ein paar Extraschüsse Noradrenalin, Serotonin und Dopamin, und fertig ist die Laube. Weil unsere Gehirnzellen erst nach und nach sterben, sind sie auch nach dem Eintritt des klinischen Tods noch aktiv – was erklärt, warum unser Bewusstsein noch arbeitet, wenn der Rest von uns schon aufgegeben hat. Wann man von einem tatsächlichen Hirntod sprechen kann, ist in Deutschland streng geregelt. Und ist auch für den Fall einer Organspende entscheidend.

Wie gerne hätte ich mit einem Teil von Edgars wunderbaren, aber nicht mehr zurückzuholenden Körper einem anderen Kind das Leben gerettet. Wenn seine Leber, Lunge, Nieren oder sein Herz hätten weiterleben können. Ich halte es für maximal irrational, die eigenen oder die Organe von Angehörigen zurückzuhalten, wenn sie für eine Spende in Frage kommen. Was vorbei ist, ist vorbei. Dann lieber jemand anderem ein Leben schenken, wenn man schon selbst keins mehr hat. Und wer weiß, vielleicht hat man ja selbst eines Tages eine Spende nötig. Nein sagen würden da die wenigsten, denn wie wir wissen, ist unser Selbsterhaltungstrieb ein Tier.

Vor Jahren, als ich mir meinen Organspendeausweis besorgte, konnte ich mir kein bisschen vorstellen, dass mich das Thema eines Tages nicht mehr nur in der Theorie betreffen könnte. Und jetzt sitze ich hier und schreibe über unsere Sterblichkeit im Allgemeinen und die von meinem Kind und mir im Besonderen. Womöglich bin ich eines Tages selbst auf ein gespendetes Herz angewiesen. Und Sie, wenn es ganz blöd kommt, auch.

Und doch, ich muss es zugeben, stößt meine Ratio immer wieder an ihre Grenzen. Wie zum Beispiel dieses eine Mal bei meiner Hypnotherapeutin, als ich ein flammendes Plädoyer darüber hielt, warum ich nicht glauben könne, dass die Seele ohne Körper existiert. Und ich gleich darauf in tiefer Trance das Gefühl hatte, meinen Körper zu verlassen. »Ich glaube, ich habe mich gerade entkörperlicht«, konstatierte ich nach einer Stunde sprachlosen Schwebens, und die Therapeutin nickte wissend. Später kamen mir Zweifel. Vielleicht war meine Erfahrung der Losgelöstheit auch nichts anderes als das, was man aus den Schilderungen intensiver Meditationspraxis kennt. Oder es war gar eine Art Wunschpsychose, eine Imagination von Dingen oder Zuständen, die man gerne hätte. Und ja, Sie können es mir glauben, ich hätte es gern, unendlich gern, wenn es weiterginge, irgendwie. Wenn ich Edgar wiedersehen könnte. »Das Leben ändert sich schnell«, schreibt Joan Didion. »Das Leben ändert sich in einem Augenblick. Man setzt sich zum Abendessen, und das Leben, das man kennt, hört auf.« Ihr Mann hatte einen Herzinfarkt erlitten, während sie einen Salat zubereitete. Schon länger hatten ihn Vorahnungen gequält, sie hatte sie stets beiseitegeschoben. Vorahnungen – in meiner Welt hatte es sie nicht gegeben. Aber was war mit unserem letzten gemeinsamen Abend? Immer wieder taucht er in unseren Gedanken auf, noch heute, er geht nicht weg.

Wir aßen also Edgars Leibspeise, von ihm selbst zubereitet. Ein Zufall, ganz sicher, denn die gab es öfter. Aber war es auch Zufall, dass er, während er auf seinem Hühnchen herumkaute, ganz beiläufig fragte, ob er wohl in den Himmel kommen würde, wenn er tot sei? An diesem Abend war das nur eine Frage von vielen. Doch nur kurze Zeit später war sie das nicht mehr. Warum kam er gerade in diesem Moment darauf zu sprechen? Der Tod hatte ihn nie sonderlich interessiert. Niemanden von uns, genau genommen.

»Du kommst in die Hölle, so viel ist mal klar«, trötete meine älteste Tochter. Wenn man dreizehn ist, nerven siebenjährige Brüder einfach. Naturgesetz.

»Moooment«, schaltete ich mich ein. »Kinder kommen nicht in die Hölle. Kinder kommen immer in den Himmel, weil Kinder gut sind, grundsätzlich! Wenn es überhaupt so etwas wie Himmel und Hölle gibt. Ich glaub' da ja nicht dran.« Diesen Zusatz *musste* ich bringen, wir waren schließlich ein durch und durch atheistischer Haushalt.

»Aber er stirbt doch nicht als Kind, sondern als alter Mann«, gab das mittlere Kind zu bedenken, ohne sich weiter um meine säkulare Einstellung zu kümmern. »Dann könnte er schon auch in die Hölle kommen, je nachdem, was er so angestellt hat in seinem Leben.«

»Ich will nicht in den Himmel«, sagte mein Sohn. »Ich will in die Hölle! Und dort schreie ich so lange rum, bis der Teufel sich ergibt. Und dann bin ich der Oberteufel!«

Wir lachten. Oh, wenn wir nur gewusst hätten! Wusste er es? Ganz tief in sich drin vielleicht? Warum hatte er das gefragt? An genau diesem Abend? *Zufall*, gewöhnten wir uns an zu sagen, aber so ganz glauben können wir es nicht. Der Mensch klammert sich bekanntlich in seiner Hilflosigkeit an alles, was ihn irgendeine Sinnhaftigkeit erkennen lässt, und sei es noch so abwegig. Er will an Gott glauben oder an die Weltverschwörung. An das Schicksal. An irgendeine Art von Vorbestimmung. An den Tod als neuen Seinszustand. Und dann doch immer wieder dieser eine Gedanke: Was, wenn wir kleinen Menschlein, Staubkörner in der Unendlichkeit des Universums, nicht alles wissen können, was es über das Leben und den Tod zu wissen gibt?

»Also hat Edgar dir wohl das Leben gerettet«, höre ich immerzu, wenn ich unsere Geschichte erzähle. Auf eine Weise stimmt das sogar: Wenn sein Tod mein Herz nicht an seine Grenzen gebracht hätte, hätte ich meine Diagnose wohl nicht so schnell bekommen. Dass ich ständig Gefahr laufe, am plötzlichen Herztod zu sterben, wäre an mir vorbeigegangen – bis es vielleicht zu spät gewesen wäre. Und doch: Der Schrecken dieses Verlusts machte mich erst so anfällig für gefährliche Rhythmusstörungen. Ich habe zwar dank der Diagnose an Sicherheit gewonnen, aber gleichzeitig auch ein Stück meiner Gesundheit verloren. Andererseits kann mir auch niemand sagen, ob es nicht ohnehin bald so gekommen wäre. Grüße gehen an dieser Stelle raus an alle, die mir gönnerhaft prophezeiten, eines Tages würde ich bestimmt den Sinn hinter alldem erkennen: *Es. Ist. Unmöglich.*

Noch immer gibt es am Achtzehnten eines jeden Monats bei uns Knusperhühnchen zum Abendbrot, das ist Gesetz. Wenn wir im Park sind, schauen wir unbedingt bei seiner Buche vorbei, dem Baum, den unsere Hausgemeinschaft für ihn pflanzen ließ. Nur der Gang auf den Friedhof, der bleibt mein ganz privates Erinnerungsritual. Weder die Kinder noch mein Exmann gehen dort mit hin. Sie erinnern sich lieber zu Hause, wo ihr Kind und Bruder in allen Ecken zu finden ist, über seine Sachen und darüber, dass er diesen Ort so lebhaft bewohnt hat. »Was hat der Friedhof denn mit ihm zu tun?«, sagen sie, und natürlich haben sie recht. Sein Körper ist dort begraben, aber dieser unglaubliche Junge, den wir kannten, ist das schon lange nicht mehr.

Manchmal, wenn ich so auf dem Rasen liege, der drei Meter über seinem Sarg gewachsen ist, frage ich mich, was da unten wohl so passiert ist seit dem Tag seiner Beerdigung. Brandenburgs Böden sind sandig und trocken, habe ich mal irgendwo gehört, Leichen zersetzen sich da nicht so schnell. Statt des euphemistischen *Hier ruht in Frieden …* würde sich ein ehrliches *Hier verwest in Erde …* viel besser machen, findet Franz Joseph Wetz. Ich mag diesen Pragmatismus irgendwie. Da ist nichts zu verklären: Mein Kind ist nicht mehr hier. Und so gehe ich auch nicht *zu Edgar*, wenn ich mich ein-, zweimal im Monat auf den Weg zum Friedhof mache. Sondern zu der Stelle, an der er begraben wurde. Ich tue das nicht für ihn, sondern einzig und allein für mich. Auf dem Friedhof zu sein, ist für mich die weltbeste Meditation. Oder sagen wir eher: die einzige, denn Stillsitzen liegt meinem unruhigen Geist ja so gar nicht. Es beginnt mit dem Aufstieg auf den Berg, auf dem der Friedhof gelegen ist und der meinem Herzen große Anstrengung abverlangt. Nur im Kriechgang kann ich ihn erklimmen, lächerlich langsam nahezu, aber ich konzentriere mich ganz auf mein Gehen, höre weder Musik noch telefoniere ich. Denn ich bereite mich vor. Darauf, unter Vogelgezwitscher ein bisschen nach dem Rechten zu schauen, eine Kerze anzuzünden oder Blümchen hinzustellen, vielleicht noch kurz den Schlenker zu den Nachbargräbern zu machen. Um mich dann auf die Wiese zu setzen und beim Anblick unseres Kindergrabs all der Traurigkeit, die sich in mir über die Wochen angesammelt hat, Raum zu geben. Es ist nicht nur mein totes Kind, um das ich weine, auch wenn es mir in dem Moment den Anlass dazu gibt. Ich weine um das Leben, das wir hatten, und die Familie, die wir nicht mehr sind. Um unsere Unbeschwertheit, um einstige Gesundheit und um unser Sicherheitsgefühl. Ich weine aus Wut auf andere, aus Liebeskummer und aus Schuld. Aus Gründen, die ich manchmal gar nicht kenne und deren Existenz ich vielleicht erst an diesem Grab begreife. Überhaupt begreife ich dort vieles, viel mehr, als an jedem anderen Ort. *Was würde Edgar jetzt tun?*, erscheint von außen betrachtet vielleicht als unsinnige Frage. Immerhin war er erst sieben. Alles, was er kannte, war bedingungslose Liebe, die Erfüllung nahezu eines jeden Bedürfnisses. Das Schlimmste, das ihm – bis auf seinen Tod – vermutlich je passiert ist, war dieser Bademeister, der ihn nicht auf die Wildwasserbahn lassen wollte. Während ich ganz andere

Probleme habe: Bleibe ich in dieser Beziehung, oder ist es an der Zeit, zu gehen? Reicht das Geld für einen neuen Kühlschrank? Werde ich nächsten Monat überhaupt noch leben? Doch überraschenderweise reicht die Weisheit dieses Siebenjährigen erstaunlich weit. Welches Problem auch immer ich zu ihm schleppe, er weiß zuverlässig Rat. Mal lautet die Botschaft, mich keinesfalls mehr schlecht behandeln zu lassen; er hat schließlich auch immer konsequent die Reißleine gezogen, wenn ihm jemand blöd kam. Dann wieder ermahnt er mich zur Gelassenheit, denn das Leben ist, das hat er mich eindringlich gelehrt, so oder so unvorhersehbar, genauso wie der Tod. Meine Vision ist nie so plastisch wie die von Kübler-Ross, was vielleicht auch daran liegt, dass ich einfach nicht an Geister glaube. Und natürlich ist es nicht Edgar höchstpersönlich, der da weise zu mir spricht, sondern ich selbst, während ich versuche, in diesem undurchdringlichen Dickicht von einem Leben zurechtzukommen. Und wenn es mir durch die Vorstellung, von meinem toten Sohn zu lernen, gelingt, dann ist das immer noch besser, als daran zu verzweifeln.

Für all das ist dieser menschenverlassene Friedhof wirklich die allerbeste Kulisse. Noch siebzehn Jahre werde ich das so machen können, dann ist der Vertrag mit dem Friedhof ausgelaufen, und die Grabstelle kann nicht mehr verlängert werden. Angeblich soll dann auf diesem Teil des Friedhofs eine Schule errichtet werden. Erfahren haben wir das allerdings erst am Tag nach der Beerdigung, da lag der Vertrag im Briefkasten und trieb uns die Tränen in die Augen: Laufzeit nicht verlängerbar. Nur zwanzig Jahre für ein Kindergrab! Das hätte man uns doch sagen müssen! Hatte aber niemand. Umsetzen!, riet uns der Bestatter, besser heute als morgen, aber der Gedanke kam uns noch falscher vor als die verrinnende Zeit im Nacken. Und so habe ich mich also an den Gedanken gewöhnt, dass ich nicht immer an dieses Grab werde kommen können. Von Edgars Körper ist dann vermutlich sowieso nicht mehr so wahnsinnig viel übrig, und er ist zu einem der vielen, vielen zerfallenen Toten geworden, die die Erde dort bevölkern. Wie sagte der kauzige, rotgesichtige Totengräber, bevor er uns seinen Spaten rüberreichte? »Aber keine Garantie, dass da nicht Knochen in der Erde sind!« Er hatte uns warnen wollen. Angehörige, die das Grab ihres Verstorbenen selbst zuschaufeln wollen, kommen ihm wohl nicht so oft vor die Füße. Dabei war das einst noch ganz normal, schreibt Philippe Ariès: »Das Schauspiel der Toten, deren Gebeine an der Erdoberfläche zutage traten wie Hamlets Schädel, beeindruckte die Lebenden nicht mehr als die Vorstellung ihres eigenen Todes. Sie waren an die Toten ebenso gewöhnt, wie sie sich mit dem eigenen Tod vertraut gemacht hatten.«

Genau genommen könnte ich an jedes andere Grab auf diesem Friedhof kommen, auf jeden anderen Friedhof dieser Welt oder sogar auf jedes einzelne Fleckchen Erde. Am Ende ist es egal, wo ich gedenke und wo ich weine. Aus der Physik wissen wir, dass keine Energie jemals verloren geht. Also: Wenn wir unsere Toten bei uns und in unserem Herzen tragen, dann tun wir das überall.

Mein ist der Tod

Selbstbestimmt sterben

»Morgen gehe ich zu Martins Mutter und bereite mit ihr ihre Beerdigung vor«, schreibt Anna mir eines Abends. »Sie weiß seit Sommer, dass sie Magenkrebs hat. Am Mittwoch will sie aufhören zu essen.« Ich sitze an meinem Schreibtisch und möchte eigentlich eine Lesung vorbereiten, nach dieser Nachricht kann ich mich aber nicht mehr von der Stelle rühren. Martin und ich waren Trauzeuge und -zeugin auf Annas Hochzeit, vor vielen Jahren, als es noch keine Tode in unserem Freundeskreis zu betrauern gab, nur Leben hatte es gegeben, und davon schon fast zu viel. Ständig kamen Kinder zu Welt, wir wussten kaum, wohin mit ihnen. Nun würde seine Mutter sterben, ganz bewusst. Das geht also: nicht vom Tod übermannt werden, sondern ihn in die eigenen Hände nehmen. Soweit man das bei einem unaufhaltsamen Krebs sagen kann, der nur elendes Verenden in Aussicht stellt. Wenigstens ein kleines Stück Kontrolle über das eigene Vergehen zurückgewinnen. Nicht gänzlich ausgeliefert sein.

Zwei Jahre sind seit Annas Nachricht inzwischen vergangen, heute sitzt Martin an unserem Esstisch, zwischen uns

Pistazien, an denen man sich die Fingernägel bricht, und eine Flasche Riesling. Schön sei das Sterben seiner Mutter gewesen, erzählt er. »Schön«, diesen Ausdruck verwendet er tatsächlich.

Sie quälte sich gerade durch die dritte, inzwischen aussichtslose Chemotherapie, als sie entschied, die wenige Zeit, die ihr noch blieb, für Besseres zu nutzen. Statt sich in einem fort zu übergeben, faltete sie von nun an Kraniche, verschickte Grußkarten und schrieb für ihren Mann auf, wie Wäschewaschen und das mit dem Online-Banking geht. Auch ihre Beerdigung plante sie samt Sargauswahl und Playlist durch. Und irgendwann ging es nicht mehr. Wegen Metastasen im Auge konnte sie kaum noch sehen, essen ohne Schmerzen war nicht mehr möglich, selbst reden fiel ihr schwer. »So will kein Mensch leben«, sagt Martin. »Es war klar, dass es nicht mehr weitergeht.« Nach sechs bettlägerigen Wochen beschloss sie zusammen mit ihrer Familie, dass es an der Zeit sei. Aktive Sterbehilfe, etwa durch Verabreichen eines tödlich wirkenden Medikaments, ist in Deutschland verboten. Martin wollte sie in die Schweiz bringen, dorthin, wo unheilbar Kranke selbst entscheiden können, ob sie noch am Leben bleiben wollen oder nicht. Aber seine Mutter wollte nicht weg. Sie wollte zu Hause sterben. Zusammen mit ihrem Hospizarzt entschied sie sich für das Sterbefasten, oder, wie es in der Fachwelt heißt, den »Freiwilligen Verzicht auf Nahrung und Flüssigkeit« (FVNF). Eine denkbar einfache Methode eigentlich: Man hungert und durstet sich zu Tode. Wie viele Menschen in Deutschland von ihr Gebrauch machen, ist nicht ausreichend dokumentiert. Sicher ist aber, dass es vor allem die Alten und sehr, sehr Kranken sind, die sich dafür entscheiden. In jungen Jahren ist schließlich die Durstintoleranz noch wesentlich ausgeprägter. Außerdem muss man schon besonders lebensmüde sein, um diesen Weg zu gehen, der ein großes Maß an Selbstdisziplin erfordert. Zehn bis vierzehn Tage soll das Sterben dauern, verzichtet man konsequent auf Flüssigkeit. Wobei auch viele Menschen, die kurz vor ihrem Ende stehen, ganz intuitiv auf Nahrung und Flüssigkeit verzichten und damit signalisieren: Ich bin bereit zu gehen.

»Fast schon magisch« nennt Martin die zwei Wochen vor dem Tod seiner Mutter: »Wir hatten eine warme, gemütliche Höhle geschaffen: Überall brannten Kerzen, alle, die meiner Mutter wichtig waren, kamen, um sich zu verabschieden, die ganze Familie war da. Es war wie die Zeit um eine Geburt, nur andersherum. Sie war traurig, dass es zu Ende geht. Aber gleichzeitig wahnsinnig glücklich.« Ein Geschenk sei das gewesen, zusammen den Tod begrüßen zu können. Zeit zu haben, sich voneinander zu verabschieden. »Meine Mutter hinterließ keine Leere. Sie hatte sie schon vorher gefüllt.«

Die Flasche Wein ist leer, die Pistazien aufgeknabbert. Die ganze Zeit habe ich mich gewundert, wieso Martin so gar nicht traurig scheint, es geht schließlich um seine Mutter. Aber jetzt begreife ich zum ersten Mal so richtig, was für einen Unterschied es macht, wenn man sich gebührend auf den Tod vorbereiten kann und ihn annimmt als rettende

Erlösung und nicht als Ende von allem, was jemals gut gewesen ist.

In meinem Leben war der Tod immer etwas tief Trauriges. Das Tiefste überhaupt, das man sich vorstellen kann. Selbst auf der Beerdigung des fünfundneunzigjährigen Jürgen, des Vaters meines Exmannes, hielt man sich vornehm zurück mit Erleichterungsstürmen. »Trinkt auf sein Wohl, Jürgen bezahlt!«, stiftete mein Schwager die Trauergesellschaft an, Jürgen hatte es schließlich endlich geschafft, endlich! Aber so richtig wollte niemand trinken. »Wie traurig, ach, wie traurig«, sagte ein Tantchen, das ich vorher nie getroffen hatte. Dabei hatte Jürgen ein tolles Leben gehabt, wie er selbst immer wieder voller Dankbarkeit sagte. Und irgendwann, als kaum noch etwas ging, wusste er: Es ist Zeit zu sterben. Selbst seine Kinder und Enkelkinder waren bereit, ihn gehen zu lassen.

So viele Seiten schon schreibe ich über den Tod, der einfach so über uns hereinbricht, uns übermannt und hilflos und verloren zurücklässt. So ganz verziehen habe ich ihm noch immer nicht. Doch ein bisschen hat mich Jürgens absehbares, höchst natürliches Sterben mit der unerwarteten, grausamen Seite befriedet, die der Tod mir in den letzten Jahren gezeigt hatte. Alt und ausgefüllt, so kann man also auch aus dieser Welt scheiden, und das nicht nur in der Theorie. Martins Mutter ist zwar nur sechzig Jahre alt geworden, doch trotz ihres frühen Todes ist es Martin möglich, den Prozess, den sie durchlaufen haben, »schön« zu nennen.

Ein paar Abende später sitze ich in Klaras Küche. Sie muss

schon wieder in ihre Heimatstadt fliegen; die Wohnung, in der ihre Mutter ihr letztes Jahrzehnt verlebt hat, wird renoviert. Als ich ihr von Martins Frieden erzähle, füllen sich ihre Augen mit Tränen. »So ist das wohl, wenn alles richtig läuft«, sagt sie. Ihre Mutter hatte keine Zeit, sich zu verabschieden. Von der Diagnose bis zu ihrem Tod vergingen gerade einmal drei Wochen. Drei Wochen, in denen niemand sie mit der Wahrheit beunruhigen wollte. Als erklärte Ehrlichkeitsfetischistin empfand ich es als brutal, dass ein Mensch in Unkenntnis über das gehalten wird, was mit ihm geschieht. Ich weiß noch, wie ich Klara zu überreden versuchte, es ihr zu sagen. »Sie muss doch wissen, dass sie jetzt sterben wird«, sagte ich, aber Klara schüttelte den Kopf. »Muss sie nicht«, fand sie. »Es geht ihr auch so schon schlecht genug.« Man hielt es mit Franz Josef Wetz und seinem »Urlaub von der Wahrheit«, den er empfiehlt, wenn die Realität zu hart würde: »Das Exakte darf hier dem Vagen weichen.« Klaras Mutter musste sich mit nichts und niemandem auseinandersetzen, konnte einfach friedlich davondämmern. Wer ist nun die Brutale, die, die verschleierte, oder ich, die alles auf dem Tisch sehen wollte? Für Martins Mutter war es ein Segen, sich auf ihr Ende vorbereiten zu können, während Klaras Mutter scheinbar in friedlicher Unwissenheit ihren letzten Atemzug tat. Vielleicht gibt es kein Richtig oder Falsch, nur unterschiedliche Wege, die Dunkelheit zu erleuchten. Es gibt Situationen, auch das begreife ich immer mehr, die nicht das eine sind oder das andere. Situationen, in denen »das Richtige« immer etwas anderes bedeuten kann.

Suizid beispielsweise ist so ein Thema, also echtes Nicht-mehr-weiterleben-wollen, kein selbstbestimmtes Sterben angesichts einer tödlichen Krankheit. Wir können ihn nicht *nicht* anschneiden, wenn wir über Tod und Selbstbestimmung sprechen wollen, nicht wahr? Auch wenn es wehtut und unverständlich scheint. Mir zumindest tut es das. Natürlich fantasierte ich als Teenager darüber, wie es wäre, meinem jämmerlichen Dasein ein Ende zu setzen. Dann würden meine Eltern sich schon noch umgucken! Oder der Typ, der mich verschmäht hatte. Zu meinem Glück begriff ich jedes Mal recht schnell, dass ich die Letzte wäre, die, tot unter der Erde liegend, etwas von den Einsichten der anderen hätte. Suizid für die Außenwelt, wie dumm wäre das denn bitte? Etwas anderes ist tatsächliche Verzweiflung über das Leben an sich, das Gefühl, dass es nicht mehr weitergeht. Aber auch das ist in Wirklichkeit nichts als ein Betrüger. Denn es geht immer weiter, irgendwie, egal, wie schrecklich sich die Dinge in diesem Moment auch anfühlen mögen. Gleichzeitig steht es uns allen frei, mit unserem Leben anzustellen, was immer wir damit anstellen wollen – und zu dieser Freiheit muss auch gehören, ihm ein Ende setzen zu können, wenn wir es für angemessen halten. Doch darüber, was »angemessen« ist und was nicht, gehen die Meinungen bekanntlich schnell mal auseinander. Vor allem bilden wir uns alle ein, zu wissen, wann ein Leben lebenswert ist und wann nicht. Aber können wir uns in die Wirklichkeit einer alten Frau hineinversetzen, die aus ihrem Haus ins Pflegeheim umziehen und alles zurücklassen soll, was ihr ihr Leben lang lieb und teuer war? Können wir wissen, wie es ist, ein junger Mann mit einer psychischen Erkrankung zu sein, die es einem unmöglich macht, in dieser Welt zurechtzukommen? Wie lebenswert das eigene Leben ist, müssen wir schlussendlich alle selbst für uns entscheiden. Genauso wie Martins Mutter sich irgendwann für das Ende ihres Lebens entschieden hat.

Philosophisch betrachtet, ist der Gedanke des selbstbestimmten Sterbens ohnehin eng mit der Idee der Autonomie verknüpft – dem Recht, über das eigene Leben und somit auch über das eigene Sterben zu entscheiden. So gesehen lässt sich das Sterben als einen Akt der letzten Freiheit betrachten, eine Möglichkeit, die Kontrolle in einem Leben zurückzugewinnen, das sowieso unweigerlich enden muss. Diese Sichtweise bietet einen beruhigenden Kontrast zu der oft empfundenen Hilflosigkeit angesichts einer schweren Krankheit.

Andere würden alles dafür tun, am Leben zu bleiben, und sei es nur ein kleines bisschen länger. Um wieder Hoffnung zu schöpfen für einen Kampf, der vielleicht doch noch gewonnen werden kann, wie durch ein Wunder. So wie Susan Sontag ihre letzten Jahre damit zubrachte, gegen den Krebs zu kämpfen, der in ihrem Körper tobte. Zweimal schon hatte sie ihn zurückgedrängt, nun war er an anderer Stelle wieder aufgetaucht. »Der Tod ist unerträglich, wenn du über das ›Ich‹ nicht hinwegkommst«, steht in ihrem Tagebuch. Gelungen ist ihr das nicht, schreibt ihr Sohn David Rieff in *Tod einer Untröstlichen. Die letzten Tage von Susan*

Sontag. Stattdessen unterzog sie sich Behandlung um Behandlung, nichts war ihr zu abwegig, nichts zu absurd. Über den Tod wollte sie nicht sprechen, so als beträfe er sie überhaupt nicht. »Vielleicht war dieses Weiterlebenwollen ihre Art zu sterben«, schreibt Rieff, und das ist ebenso wahr, wie es traurig klingt.

Doch auch Gesunden kann so ein Über-die-Stränge-Schlagen passieren. Jahr für Jahr gibt es mehr Früherkennungsuntersuchungen, die man in Anspruch nehmen kann. Und wer es sich leisten kann (und Bock drauf hat), legt sich mal eben in den Ganzkörper-MRT, um versteckt schlummernden Erkrankungen auf die Spur zu kommen, die keine Beschwerden hervorrufen. Im Idealfall kann man sich im Anschluss die Schweißperlen von der Stirn wischen, im schlechtesten verlässt man das Gerät als kranker Mensch. Barbara Ehrenreich hat beschlossen, nicht mehr zu Vorsorgeuntersuchungen zu gehen: »Ich lehne nicht nur die Folter eines medikalisierten Todes ab, ich weigere mich auch, ein medikalisiertes Leben zu akzeptieren, und je älter ich werde, desto entschlossener bin ich. Weil die Zeit, die mir bleibt, immer kürzer wird, ist jeder Monat und jeder Tag zu kostbar, um ihn in einem fensterlosen Wartezimmer und zwischen Untersuchungsapparaten zu verbringen. Alt genug geworden zu sein, um zu sterben, ist eine Leistung, keine Niederlage, und die damit verbundene Freiheit verdient es, gefeiert zu werden.« So ehrenwert ich ihre Position auch finde, so richtig entspannt durchziehen lässt sie sich erst, sagen wir, jenseits der siebzig. Ich bin mit meinen neununddreißig noch viel zu heiß aufs Leben, um *nicht* in Wartezimmern rumzuhängen, denn manche Räume hinter diesen Wartezimmern sorgen immerhin dafür, dass ich nach wie vor auf dieser Erde weile, und zwar quicklebendig. Und darum nehme ich dankbar jede Vorsorgeuntersuchung, die ich bekommen kann, und ab und an gönne ich mir sogar noch eine schöne fette »IGel« genannte Privatleistung. Manchmal frage ich mich sogar: Hätte ich nicht schon viel früher den Tausi in die Hände nehmen und mich auf eigene Faust in die Röhre schieben lassen sollen? Man hätte meine Herzerkrankung sofort gefunden. Ja, ich wäre als Patientin entlassen worden. Vorbei wäre es gewesen mit meiner Unbeschwertheit, mit der Illusion von Gesundheit. Aber mein Sohn, der den Gendefekt von mir geerbt hat, wäre möglicherweise noch am Leben. Und dafür hätte ich nur zu gern auf das bisschen Unbeschwertheit verzichtet. Warum nicht jeder und jede so ein Screening einfach als Kassenleistung bekommt? Man argumentiert mit psychischen Belastungen durch falsche positive Befunde und horrenden Kosten für Folgeuntersuchungen. Mit anderen Worten: Es ist schlicht zu teuer. Viele Erkrankungen machen sich vielleicht erst spät oder sogar nie bemerkbar, möglicherweise kommen die Kassen so um eine Behandlung herum.

Vielleicht schlummern ja noch mehr Problemherde in mir, von denen ich dringend wissen sollte? Das MRT kommt auf jeden Fall auf meine Wunschliste. Ja, ich muss es zugeben: Ich will alles tun, was ich kann, um möglichst lange am Leben zu bleiben. Und doch habe ich keinen Zweifel daran, dass ich mit der Wahrheit umgehen könnte. Und genau wie Martins Mutter bereit wäre zu gehen, wenn ich weiß, dass für mich nichts mehr kommen kann als Leid.

Zurück von Klara finde ich neben dem Schlachtfest, das das Abendessen der Kinder gewesen zu sein scheint, die Weinflasche vom Abend mit Martin auf der Küchenarbeitsplatte. »Morgen gehe ich zu Martins Mutter und bereite mit ihr ihre Beerdigung vor«, kommt mir wieder in den Sinn. Ein Satz, der schwer wiegt, und doch ist da eine Leichtigkeit, ein Frieden, der aus der Akzeptanz des Unvermeidlichen erwächst. Vielleicht ist das die größte Lektion, die der Tod uns lehren kann: dass in der Akzeptanz und im bewussten Umgang mit ihm eine Art Freiheit liegt. Eine Freiheit, die es uns ermöglicht, ohne die lähmende Angst vor dem Ende zu leben und zu erkennen, dass Schönheit nicht nur im Leben, sondern auch im Abschied liegen kann.

Wie man nicht verrückt wird
(angesichts des Todes)

Nebel steht in meiner Straße, draußen ist es kalt und grau. Das Jahr neigt sich dem Ende zu, und mal wieder bin ich mehr als froh, es hinter mir zu lassen. In den vergangenen Jahren hat das Schicksal einen wahren Kotzeimer über mir ausgeschüttet, mit dessen Inhalt es sich besonders große Mühe gegeben zu haben scheint. Auch wenn Edgars Tod unangefochten die Nummer eins all dieser Tiefpunkte bleiben wird: Im Super-GAU-Bingo des Lebens habe ich ganz schön viele Kreuzchen auf einmal machen müssen. Aber ich spiele immer noch mit.

»Wie schaffst du es nur, trotz allem so fröhlich zu bleiben?«, fragte mich neulich eine Bekannte, und da erst fiel es mir auf: Es sind schon Menschen aus geringeren Gründen depressiv geworden oder kamen auf andere Art und Weise nicht mehr mit der Welt, wie sie ist, zurecht. Womit ich nicht sagen will, dass ich mich für gefeit vor psychischen Erkrankungen oder Überlastungsreaktionen halte – dass die Zukunft zuweilen ein unvorhersehbares Stück Dreck sein kann, darauf können wir uns sicher alle einigen. Und doch bin ich mir sicher, dass es einige Faktoren gibt, die es Menschen leichter machen können, mit widrigen Umständen umzugehen. Ich bin zwar keine ausgemachte Expertin auf diesem Gebiet, wie zum Beispiel Viktor E. Frankl, der in Büchern wie *Trotzdem Ja zum Leben sagen. Ein Psychologe überlebt das Konzentrationslager* darüber schreibt, wie man es schafft, trotz der unmenschlichsten Bedingungen einen Sinn in seinem Dasein zu finden. Aber ich habe da noch eine andere Idee. Und die liegt in meinen Genen.

Als meine Eltern sich in Moskau kennenlernten und wie zwei Wahnsinnige ineinander verliebten, konnten sie nicht ahnen, in was für einem Desaster ihre Leidenschaft einst enden würde. Trennung, Trennung, immer wieder Trennung, doch so ganz in Ruhe lassen konnten sie sich trotzdem nicht. Sie konnten auch nicht ahnen, dass sich in ihren Kindern zwei aufs Bitterste traumatisierte Familien vereinigen würden, und wenn sie es ahnten, dann waren sie wohl sicher, genau das Richtige zu tun. Die Fabrikantenfamilie meiner Mutter war während der Revolution enteignet worden. Als müssten sie ihre unlautere Herkunft wiedergutmachen, regierte strammste Kommunisten-Doktrin den Haushalt, in dem meine Mutter groß wurde: *Du bist nichts, das Kollektiv ist alles*. Für meinen Vater war meine Mutter endlich wer. Doch auch seine Familie war den Kommunisten ein Dorn im Auge. Schon die jahrhundertelange Odyssee seiner deutsch-mennonitischen Ahnen auf der Suche nach einem Zuhause liest sich wie ein einziges Drama. Im Zuge des Zweiten Weltkriegs folgte eine Zwangsumsiedlung nach Sibirien und die Verfrachtung meiner Großeltern ins Arbeitslager, wo man Menschen körperlich und seelisch zerstörte, wenn man sie nicht umkommen ließ. Mein Vater war es gewöhnt, auf der Straße als Faschist beschimpft und verprügelt zu werden, obwohl er so weit weg von den deutschen Faschisten war wie jedes andere Kind seiner Klasse. Auch er war gezwungen, seine Herkunft zu verleugnen.

Dass Traumata wie diese über Generationen weitergegeben werden, ja sich sogar in unserer Epigenetik niederschlagen können, ist schon lange kein Geheimnis mehr. Daran gibt es nichts Schönes, nichts, das sich romantisieren ließe. Mit den meisten meiner Familienmitglieder habe ich Kämpfe auszufechten, genauso wie sie untereinander und mit sich selbst unaufhörlich ringen. Und doch kann ich nicht leugnen, dass ich Stärke ziehe aus dem Gedanken, in einer Reihe mit all diesen Ahnen zu stehen – mit Menschen, die Schlimmstes erlebt haben, aber es geschafft haben zu *über*leben. In schwachen Momenten stelle ich mir vor, wie sie hinter mir stehen, meine Eltern und ihre Eltern zuerst und nach ihnen all die anderen, unzähligen Menschen, die vor mir waren und die es brauchte, damit ich werden konnte: eine Armee. Eine Armee, an deren Spitze ich nun stehe, während ich mich an sie lehne und den Halt genieße, den sie mir geben. Ich wette, auch Sie haben diese Ahnen und können das Gleiche tun. Doch vergessen wir nicht: Wer Teil eines so großen Ganzen ist, kann nur einen winzig kleinen Part davon ausmachen. Er allein ist unbedeutend, ja nichtig geradezu. Die Reihen vor und neben uns sind unendlich, und die nach uns werden es ebenfalls sein. Sie und ich sind zwei von rund hundert Milliarden Menschen, die je diese Erde besiedelt haben, einen winzigen Planeten in einem unendlichen Universum, dessen Existenz völlig unbedeutend ist. »Allein das Wort *Weltuntergang* zeigt, wie naiv wir Menschen noch immer sind, wenn es um unseren Stellenwert in Zeit und Raum geht«, schreibt Bernhard Scheurer. »Der Planet Erde, ein Staubkorn im Universum, ist für uns *die Welt*. Wenn wir Weltuntergang sagen, meinen wir eigentlich nur das *Ende der Menschheit*.« Wir sind nichts in dieser Welt und erst recht nichts angesichts der Ewigkeit. Es geht dem Universum so richtig hart am Allerwertesten vorbei, ob wir das Leben oder die Arbeit oder die Liebe haben, die wir haben wollen. Ob wir glücklich sind oder verzweifeln. Und mal ehrlich, das Leben schuldet uns rein gar nichts. Wenn der Tod unsere letzte narzisstische Kränkung sein soll: Unser ganzes Dasein ist die erste!

Zugegeben, sich die eigene kosmische Nichtigkeit zu vergegenwärtigen, kann sich im ersten Moment so anfühlen, als kassierten wir eine Ohrfeige von Mike Tyson höchstpersönlich. Was, *ich* soll so unbedeutend sein wie ein Staubkorn? Ja, Sie. Und ich. Genau wie alle anderen. Dass wir geboren wurden und immer noch am Leben sind, ist ein wahnwitziger Zufall, die reinste Laune der Natur. Halten wir also unsere Klappe, und seien wir dankbar dafür, dass wir es überhaupt bis hierher geschafft haben. Das Leben ist schön, das Leben ist grausam. Zu den einen mehr, zu den anderen weniger, aber alles in allem kriegen wir von allem ein bisschen ab. Ja, unser Startkapital ist verdammt ungerecht verteilt.

Ja, im Laufe unseres Lebens können uns die schlimmsten Dinge zustoßen. Na und? Wem wollen wir die Schuld dafür geben? Und was würde es uns nützen? Wir können uns selbst zugrunde richten, in Tatenlosigkeit verharren oder uns dafür entscheiden, das Beste aus dem zu machen, was wir bekommen haben. Das ist eine Wahl, die uns hier in der ersten Welt einfach so in den Schoß gefallen ist, und wir haben sie jeden Tag aufs Neue. Und schlussendlich: Wer weiß, wie viele gute Jahre uns noch auf diesem brodelnden Planeten bleiben? Erderwärmung, Kriege, soziale Ungerechtigkeiten ... Wenn wir Pech haben, fliegt uns unser Narzissmus schon sehr bald um die Ohren. Genießen Sie, solange Sie noch können! Machen Sie, was Sie glücklich macht. Und wenn Sie nicht wissen sollten, was das ist, finden Sie es heraus. Ich jedenfalls werde genau das tun.

Natürlich habe ich trotzdem manchmal Angst vor dem Tod, vor allem wenn ich auf dem Boden liege und versuche, tief zu atmen, während mein Herz rast, als sei der Sensenmann persönlich hinter ihm her. In ruhigeren Momenten versuche ich dann, mich mit Epikur und seinem Symmetrie-Argument zu trösten. Warum, fragt er, selbstverständlich rein rhetorisch, interessieren wir uns überhaupt für das, was der Tod für uns bereithält? An die Frage, wo wir vor unserer Geburt gewesen seien, verschwendeten wir schließlich auch keine Gedanken. »Das Schauererregendste aller Übel, der Tod, betrifft uns überhaupt nicht; wenn ›wir‹ sind, ist der Tod nicht da; wenn der Tod da ist, sind ›wir‹ nicht«, schreibt er. Easy, oder? Überhaupt: »[...] es gibt nichts Schreckliches im Leben für den, der im vollen Sinne erfasst hat, dass nichts Schreckliches im Nicht-Leben liegt.« Und tatsächlich, damit liegt er richtig: Im Angesicht des Todes verlieren etliche Probleme, die wir zu haben glauben, völlig ihre Relevanz. Wenn unsere Liebsten sterben, werden wir uns wohl kaum über die gestiegenen Heizkosten beklagen oder das schlechte Essen im Restaurant, und wenn wir selbst im Sterben liegen, werden wir auf alles pfeifen, bis auf die Tatsache, dass wir gerade noch so am Leben sind. Eine Weile hielt ich es mit unserem alten Freund Seneca und seinem stoischen Imperativ, ständig an den Tod zu denken, um mich nicht vor ihm zu fürchten. Also ließ ich mich täglich von der App *WeCroak* mit der charmanten Message *Don't forget, you're going to die* an das Elend (und die Chancen!) meiner Endlichkeit erinnern. Nach kurzer Zeit aber fing dieser Satz an, mich fürchterlich zu nerven. Ja, ich werde sterben. Aber noch bin ich verdammt noch mal hier und quicklebendig, und *das* ist etwas, das viel mehr nach meiner Aufmerksamkeit verlangt. »Wie unglaublich, ja ungeheuerlich die [...] Sterblichkeit auch immer ist«, schreibt Franz Joseph Wetz, »wie überraschend, ja wie seltsam ist überhaupt erst: zu leben.«

Viele Jahreswechsel lang nahm ich mir vor, das kommende Jahr besser werden zu lassen als das alte. Bergauf sollte mein Leben gehen, nur bergauf. Doch das funktioniert nicht mehr. Ja, es passiert auch Gutes, doch vor allem liegen Pleiten, Pech und Pannen auf meinem Weg. Verdammt, dachte ich am Ende fast eines jeden Jahres, schon wieder keine Besserung in Sicht. Um also nicht mehr enttäuscht zu werden, habe ich für die Zukunft beschlossen, einfach das zu nehmen, was kommt, ohne große Wünsche, ohne Erwartungen. Ich habe sie alle losgelassen, so wie wir alle immer und immer wieder loslassen müssen, vom Tag unserer Geburt an, bis wir sterben. »Das Leben ist ein vorübergehender Zustand«, schreibt Gabriele von Arnim. Und alle Menschen, Dinge, Orte, Träume, die wir darin finden, sind es genauso.

Schon bald wird das neue Jahr anbrechen. Der Nebel wird sich verziehen und der Himmel aufklaren. Ein neuer Frühling wird in der Luft liegen und schließlich auch ein Sommer. Das alles wird geschehen, ob wir nun leben oder ob wir sterben, ob mit oder ohne uns. Wir halten die Welt nicht am Laufen, wir sind bloß ein kleiner Teil von ihr. Lassen wir uns von diesem Gedanken tragen, wenn wir uns selbst einmal zu wichtig nehmen sollten. Und halten wir es mit der guten alten Mae West und ihrer brillanten Maxime: »Du lebst nur einmal, aber wenn du es richtig machst, reicht das völlig aus.«

Verdammte Scheiße, ja, wir sind am Leben! Machen wir was draus.

Dank

Die Arbeit an diesem kleinen Buch hat mir einiges abverlangt. An manchen Tagen musste ich die Tastatur vor meinen Tränen retten, an anderen mich selbst vor zu viel Wein. Oft genug bekam ich gar nichts aufs Papier, weil meine Finger bleiern blieben und mein Gehirn im Nebel. Umso glücklicher macht es mich, dass Sie bis hierher gelesen haben. Danke Ihnen!

A hunk of burning love geht raus an meinen Agenten Marcel Hartges und meine Lektorin Tanja Rauch. Danke, dass ihr dieses Baby ins Rollen gebracht habt.

Überhaupt habe ich vermutlich unverschämtes Glück im Leben. So viele Menschen haben mich durch die schlimmste Zeit gebracht und tun es manchmal auch heute noch. Danke, Anna, für deine bedingungslose Freundschaft. Almuth, Barbara und Catrin so sehr dafür, dass ihr da gewesen seid, als ich es brauchte. Danke, Irene, für dein furchtloses Altern. Mama, Papa, Marita, Norbert, Julija, Nina, Anna M. und Martin für eure Gedanken und Jürgen, Mareike, Frank und Runa dafür, dass wir uns gestreift haben in diesem Leben.

Christian, Vera und Valerie, danke, dass ihr so tapfer seid und ALLES mit mir durchsteht.

Maru, danke, dass du mich liebst. Unendlich.

Und natürlich Edgar. Edgar ganz besonders. Danke, dass du als mein drittes Kind zu mir gekommen bist und dass ich so viel über das Leben und den Tod von dir lernen durfte.

Literatur

Ariès, Philippe: *Studien zur Geschichte des Todes im Abendland.* dtv, München 1981.

Arnim, Gabriele von: *Das Leben ist ein vorübergehender Zustand.* Rowohlt, Hamburg 2021.

Didion, Joan: *Das Jahr magischen Denkens.* Ullstein, Berlin 2021.

Ehrenreich, Barbara: *Wollen wir ewig leben?* Die Wellness-Epidemie, die Gewissheit des Todes und unsere Illusion von Kontrolle. Kunstmann, München 2018.

Epikur: *Brief an Menoikeus,* Lehrsätze, Weisungen. In: Wittwer, Héctor (Hrsg.): *Der Tod.* Philosophische Texte von der Antike bis zur Gegenwart. Reclam, Ditzingen 2014.

Feuerbach, Ludwig: *Die Unsterblichkeitsfrage vom Standpunkt der Anthropologie.* In: Wittwer, Héctor (Hrsg.): *Der Tod.* Philosophische Texte von der Antike bis zur Gegenwart. Reclam, Ditzingen 2014.

Frankl, Viktor E.: *Trotzdem Ja zum Leben sagen.* Ein Psychologe überlebt das Konzentrationslager. Penguin, München 2018.

Freud, Sigmund: *Zeitgemäßes über Krieg und Tod.* Reclam, Ditzingen 2020.

Hohensee, Thomas und Georgy, Renate: *Der Tod ist besser als sein Ruf.* Von einem gelassenen Umgang mit der eigenen Endlichkeit. Benevento, Elsbethen 2017.

de Montaigne, Michel: *Essais.* In: Wittwer, Héctor (Hrsg.): *Der Tod.* Philosophische Texte von der Antike bis zur Gegenwart. Reclam, Ditzingen 2014.

Rüther, Tobias: *Herrndorf.* Eine Biographie. Rowohlt, Hamburg 2023.

Scheurer, Bernhard M.: *Der Tod, der Teufel und das Glück*. Vom Sinn der Endlichkeit. Midas, Zürich 2022.

Schreiber, Daniel: *Zeit der Verluste*. Hanser Berlin, Berlin 2023.

Schulz, Roland: *So sterben wir.* Unser Ende und was wir darüber wissen sollten. Piper, München 2020.

Seneca: *An Lucilius*. Briefe über Ethik. In: Wittwer, Héctor (Hrsg.): *Der Tod*. Philosophische Texte von der Antike bis zur Gegenwart. Reclam, Ditzingen 2014.

Umrik, Anastasia: *Du bist in einer Krise. Herzlichen Glückwunsch*. Jetzt wird alles gut! S. Fischer, Frankfurt/M. 2021.

Wetz, Franz Josef: *Tod, Trauer, Trost*. Was am Ende hilft. Reclam, Ditzingen 2022.

Yalom, Irvin D.: *In die Sonne schauen*. Wie man die Angst vor dem Tod überwindet. btb, München 2008.

Einige der Texte erschienen erstmalig im Nachrichtenmagazin DER SPIEGEL. Für die Buchveröffentlichung wurden sie von der Autorin überarbeitet.

MIX
Papier | Fördert gute Waldnutzung
FSC® C083411
FSC
www.fsc.org

Das bei der Produktion dieses Buches entstandene CO_2 wurde durch die Finanzierung von Klimaschutzprojekten kompensiert:
climate-id.com/17531-2110-1001/de

2. Auflage 2024

Umschlaggestaltung: Lübbeke Naumann Thoben, Köln
Satz: Fagott, Ffm
Gesetzt aus der Dante MT Pro
Druck und Verarbeitung: CPI books GmbH, Leck
Gedruckt auf säurefreiem und chlorfrei gebleichtem Papier
Printed in Germany
ISBN 978-3-7558-0007-1

www.dumont-buchverlag.de

—

Katja Lewina bei DuMont

SIE HAT BOCK

224 Seiten / Auch als E-Book

»Katja Lewina hat ein unterhaltsames Buch über schreiende sexuelle Ungerechtigkeit geschrieben, das derb und direkt ist. Und witzig noch dazu.«
DIE ZEIT

Katja Lewina hat Bock, und sie schreibt darüber. Sie führt die Debatte über weibliches Begehren fort und erforscht entlang ihrer eigenen erotischen Biografie, wie viel Sexismus in unserem Sex steckt. Porno-Vorlieben oder Fake-Orgasmen: Kein Thema ist ihr zu intim. Und nichts davon so individuell, wie wir gerne glauben. Es ist an der Zeit, den Weg zur Selbstermächtigung einzuschlagen.

BOCK. MÄNNER UND SEX

224 Seiten / Auch als E-Book

»Ein Plädoyer für offene Kommunikation, für eine Normalisierung von Sex, für ein Ende des Patriarchats«
MISSY MAGAZINE

Was ist los mit den Männern? Was wollen sie wirklich im Bett? Um das zu klären, braucht es Typen, die Klartext reden – und Katja Lewina. Es ist höchste Zeit für dieses Buch, das Stereotype von männlicher Sexualität zerschießt und Alternativen aufzeigt. Schambefreit, zugewandt und humorvoll.

EX. 20 JAHRE, 10 MÄNNER UND WAS ALLES SO SCHIEFGEHEN KANN

208 Seiten / Auch als E-Book

»Ich bin atemlos durch dieses Buch. Es war toll!«
LISA ORTGIES

Nach 20 Jahren Liebesleben kann Katja Lewina die Frage nicht mehr ignorieren: Warum scheitern die Beziehungen immer wieder? Also hat sie die 10 wichtigsten Männer ihres Lebens getroffen und sich eigenen Defiziten und Mustern gestellt.